Cecelia Ahern

Funken in der Dunkelheit

PIPER

Zu diesem Buch

»Funken in der Dunkelheit« enthält:
Der Ghostwriter: Um einen Roman zu schreiben, zieht sich Herman Banks mit seiner Frau auf ein abgelegenes Anwesen zurück. Doch eine Schreibblockade hindert ihn an seinem Vorhaben. Als er eines Tages unverhofft Hilfe bekommt, weiß Herman noch nicht, dass er für diese Unterstützung einen hohen Preis zahlen muss …
Solange du mich siehst besteht aus:
»Das Lächeln der Erinnerung«: Ein alter Mann hat eine bahnbrechende Erfindung gemacht, die das Leben vieler Menschen erleichtert: Ein Gerät, das Erinnerungen überarbeiten kann. Doch warum weigert er sich, die Erinnerung an ein traumatisches Erlebnis aus seiner Vergangenheit zu verändern?
»Das Mädchen im Spiegel«: Am Tag ihrer Hochzeit wagt Lila einen Blick in die verhangenen Spiegel im Haus ihrer Großmutter. Sie ahnt nicht, dass sie diesen Blick für immer bereuen wird …

Cecelia Ahern ist eine der erfolgreichsten Autorinnen der Welt. Sie schreibt zeitgenössische Romane, Novellen, Storys, Jugendbücher, TV-Konzepte und Theaterstücke. Ihre Romane wurden für Kino und Fernsehen verfilmt. Cecelia Ahern hat Journalistik und Medienkommunikation studiert und lebt mit ihrer Familie in Dublin.
Mehr über die Autorin:
Website: www.cecelia-ahern.de
Facebook: @ceceliaahernofficial

Cecelia Ahern

Funken in der Dunkelheit

Der Ghostwriter • Solange du mich siehst

Erzählungen

Aus dem Englischen von
Christine Strüh und Barbara Christ

PIPER

Mehr über unsere Autorinnen, Autoren und Bücher:
www.piper.de

Wenn Ihnen dieses Buch gefallen hat, schreiben Sie uns unter Nennung des Titels »Funken in der Dunkelheit« an *empfehlungen@piper.de*, und wir empfehlen Ihnen gerne vergleichbare Bücher.

Alle bei Piper lieferbaren Titel von Cecelia Ahern finden Sie auf Seite 240.

Unser Versprechen für mehr Nachhaltigkeit
• Klimaneutrales Produkt
• FSC®-zertifiziertes Papier
• Hergestellt in Europa

FSC www.fsc.org MIX Papier | Fördert gute Waldnutzung FSC® C021394

Taschenbuchsonderausgabe
ISBN 978-3-492-31996-6
1. Auflage Dezember 2023
2. Auflage Dezember 2023

Titel der englischen Originalausgaben:
»Girl in the Mirror«, HarperCollins, London 2011;
»Herman Banks and The Ghost Writer«, 2013

Die Übersetzungen erschienen erstmals 2010/2012, 2013 im Krüger Verlag, einem Unternehmen der S. Fischer Verlag GmbH:
»Solange du mich siehst«: »Im Lächeln der Erinnerung«: Christine Strüh,
»Das Mädchen im Spiegel«: Barbara Christ, »Der Ghostwriter«: Christine Strüh
Umschlaggestaltung: FAVORITBUERO, München
Umschlagabbildung: © Claire Desjardins
Satz: psb, Berlin
Gesetzt aus der Adobe Devanagari
Gedruckt von ScandBook in Litauen
Printed in the EU

Inhalt

Der Ghostwriter

Novelle

Aus dem Englischen
von Christine Strüh

Für Susanne Halbleib. Danke …

I

Sein Name war Herman Banks.

Von einer reichen alten Tante namens Barbarella Weissman, die er dem Namen nach kannte, aber nie gesehen hatte, erbte Herman sechstausend Dollar. Seine sechs Geschwister sowie vierzehn Cousins und Cousinen bekamen das Gleiche. Die kannte Herman natürlich allesamt persönlich, aber auch keiner von ihnen war der lieben Ella, die auf diese Weise heimlich und leise die Zukunft ihrer Nachfahren beeinflusste, jemals begegnet. Hermans Bruder Hank – er nannte sich tatsächlich Hank Banks, obwohl er eigentlich Henry hieß – kaufte sich, kaum dass er achtzehn geworden war, von dem ganzen Geld, abzüglich der Ansprüche, die ihr Vater darauf erhob, einen alten Chevy. Bei dem Deal ließ er sich aber dermaßen über den Tisch ziehen, dass nicht nur sein Erbe, sondern auch sein Erspartes und sein Arbeitslohn dafür draufgingen, das Ding überhaupt nur straßentauglich zu machen.

Herman war anders. Er war drei Jahre jünger als Hank und infolgedessen auch drei Jahre weiter davon entfernt, seine Flucht aus dem Farmhaus in Missouri in Angriff nehmen zu können. Im Sommer half er bei der Maisernte, im Winter schleppte er Heu, und dazwischen bemühte er sich, seine Pflichten möglichst schnell zu erledigen, um Zeit für die Schule zu haben. Der Schulbesuch hatte in seiner Familie keinen hohen Stellenwert, aber Herman sehnte sich regelrecht danach – nicht so sehr wegen des Unterrichts, sondern vielmehr wegen der langen Busfahrt durch die Maisfelder, die er sogar im Schlaf vor sich sah und nun endlich hinter sich lassen durfte. Schule bedeutete, dass er ausbrechen konnte; das Lernen war eher ein Nebeneffekt. Während Hank jeden Abend mit einem anderen Mädchen in seiner alten Schrottkarre durch die Gegend gondelte, hatte Herman Zeit, zu beobachten, zu überlegen, zu planen.

Als auch Herman mit achtzehn endlich sein Erbe in die Finger bekam, kaufte er damit – nach den entsprechenden familiären Abzügen – einen Verkaufsstand für frisch gepressten Orangensaft, eine Sandwich-Bude und zum blanken Entsetzen seines Vaters ein Grundstück, auf dem er Sojabohnen anpflanzte. Dann investierte er in eine zukunftsträchtige Computertechnologie, und ein gutes Dutzend weiterer kluger Entscheidungen führte dazu, dass er im Lauf der Jahre ein Vermögen anhäufte. Unter dem Namen *Herman Banks Organization* machte seine Dachgesellschaft mit ihren weltweit operierenden Unternehmen im Bereich Immobilien, Einzelhandel, Gewerbe, Hotellerie und Golf noch auf dem Tiefpunkt der weltweiten Rezession Profit, sodass Herman inzwischen über ein Privatvermögen von zwei Milliarden Dollar verfügte. Nach wie vor faszinierte es ihn, wie das simple Bedürfnis, der Enge seiner Herkunft zu entfliehen, einen Menschen dazu bringen konnte, ein Potenzial freizusetzen, das niemand in ihm vermutet hätte.

Herman war ein guter Mann, der seine Mitmenschen ehrlich und fair behandelte. Er war der Jüngste von sieben Geschwistern und überzeugt, dass er seinen geschäftlichen Erfolg in erster Linie diesem Umstand verdankte: Dadurch, dass er so viel beobachtet und außerdem gelernt hatte, mit fünf großen Schwestern zu überleben, hatte er ein nahezu untrügliches Gespür dafür entwickelt, wie er mit fast jedem Menschen fast überall auf der Welt Geschäfte machen konnte, die ihm fast immer Gewinn einbrachten. Inzwischen war er vierundfünfzig, eine Legende der Geschäftswelt, besaß eine Wohnung an der New Yorker Upper East Side, eine Karibikinsel und mehrere Häuser in fünf verschiedenen Ländern, galt als Finanz- und Medienmogul, wurde als potenzieller Präsidentschaftskandidat gehandelt, befand sich kurz gesagt auf der Höhe seiner Karriere – und trotzdem plagte ihn etwas.

Es waren nicht die noch ausstehenden Geschäfte, nicht die unsichere Marktlage, es lag auch nicht daran, dass er vor Kurzem – schweren Herzens – den Kontakt zu seinem Bruder abgebrochen hatte, der immer auf die falschen Pferde gesetzt hatte und jetzt wahrscheinlich ziellos durch die Straßen von New York irrte, bereit, jedem x-Beliebigen seine Seele für den nächsten Heroinschuss zu verkaufen.

Natürlich machte Herman sich Sorgen um seinen Bruder, aber das war es nicht, was ihm am meisten zusetzte. Nicht einmal die Sache mit seiner Frau, die ihm soeben offenbart hatte, dass sie eine Affäre gehabt hatte, eine viermonatige Affäre mit ihrem Personal Trainer, einem widerwärtigen langhaarigen Schönling, der jeden Morgen schweißtriefend in Hermans Wohnung ein- und dann wieder davongeschwebt war, mit einem Ausdruck im Gesicht, den Herman nicht einordnen, aber auch nicht leiden konnte. Herman wollte den Namen des Kerls nicht wissen, wollte im Grunde nicht einmal seine Existenz zur Kenntnis nehmen, und es graute ihm bei dem Gedanken, was er tun würde, wenn er ihn je noch einmal zu Gesicht bekam. Er kam sich nicht gern dumm vor, aber momentan fühlte er sich wie der letzte Idiot. Vielleicht war er das ja auch. Er liebte seine Frau sehr, und das Geständnis, dass sie ihm untreu gewesen war, hatte ihn getroffen wie ein Blitz aus heiterem Himmel. Mit ihren sechsundzwanzig Jahren war sie halb so alt wie Herman, er wusste, dass man ihre Beziehung als Geschichte aus dem Lehrbuch ansehen konnte – dass es für einen Mann seines Alters vorhersehbar gewesen war, sich in sie zu verlieben. Vielleicht hatten die Lehrbücher ja recht, vielleicht machte er tatsächlich eine Art Midlife-Crisis durch. Vielleicht lebte er in einer anderen Realität als die meisten anderen Menschen, aber er liebte seine Frau ehrlich, und jedes Wort, das er bei ihrer Hochzeit vor zwei Jahren in der Kirche gesagt hatte, war ernst gemeint. Er spürte, dass es auch bei ihr so war, und in den tränenreichen, hasserfüllten Auseinandersetzungen, mit denen sie sich regelmäßig die Nächte um die Ohren schlugen, seit er von ihrer Untreue erfahren hatte, beteuerte sie immer wieder, dass sie ihn liebte, aber dass seine ständige Abwesenheit, sein besessenes Arbeiten, seine Sucht, Geld zu machen – so drückte sie es aus –, dazu geführt hatten, dass sie sich »isoliert«, »verletzlich« und »ungeliebt« fühlte.

Er nahm sie angeblich nicht wahr, er hörte ihr nicht zu, er wurde von seiner Arbeit aufgefressen. Neben »Es tut mir so leid« war diese Erklärung ihr Mantra geworden.

Aber es war nicht dieses jüngste persönliche Desaster, das ihm schlaflose Nächte bereitete, ihn bei der Arbeit ablenkte und ihn in manchen Meetings desinteressiert erscheinen ließ. Nein, es war die tiefe Leidenschaft, die in ihm loderte, seit er als Jugendlicher in die Scheune geflohen war und sich im Heu versteckt hatte, um einen Moment Ruhe vor der verhassten körperlichen Schufterei zu haben und in die Welt von Hemingway oder Joyce, Dickens oder Steinbeck zu entfliehen. Schon seit jeher waren Bücher seine Rettung gewesen, und das war bis heute so geblieben.

Angefangen hatte diese Liebe damit, dass ein Tramper, den sein Vater auf dem Rückweg von der Stadt mitgenommen hatte, den Sommer über bei ihnen geblieben war und auf dem Feld ausgeholfen hatte. Der junge Mann war, soweit Herman sich erinnern konnte, ziemlich haarig gewesen, mit einem langen Zopf und einem Bart, der gleich unter den Augen anfing und den Rest seines Gesichts fast völlig überwucherte. Als Hermans Vater ihn nach seinem Namen fragte, hatte er kurz nachgedacht und dann geantwortet: »Nennen Sie mich Gabriel.«

Gabriel war ein entspannter Typ, mit einer Stimme, die so sanft war, dass man die Ohren spitzen musste, um ihn zu verstehen, aber auf dem Feld arbeitete er härter als alle anderen, und seine durchdringenden blauen Augen brachten Hermans Mutter zum Erröten, wenn sie in der Küche um ihn herumgluckte. Auch Hermans Schwestern hatten ein Faible für ihn, allen voran Anna Bell, die bekanntermaßen ein Faible für fast alle Männer aus der Gegend hatte. Sozusagen als Beweis für ihre Reputation hatte Herman sie eines Abends in der Scheune mit Gabriel erwischt, sie mit den Beinen, er mit dem nackten Hinterteil hoch in der Luft.

Aber es war nicht dieser Vorfall, der Hermans Leben veränderte, sondern der Tag, an dem er Gabriel an einem seiner seltenen freien Tage entspannt mit einem Buch in der Hand an einen Apfelbaum gelehnt vorfand. Auf seinem Gesicht lag ein Ausdruck, der so entrückt, so weit weg von dieser Welt war, dass es Herman den Atem verschlug. Gabriel hatte ihn nicht kommen hören – und falls doch, war das, was auf diesen Seiten stand, offenbar viel zu wichtig, um sich davon loszureißen, denn er rührte sich nicht, ja, er blickte nicht einmal auf. Schließlich setzte Herman sich einfach hin und wartete, dass der junge Mann ihm seine Aufmerksamkeit zuwandte. Dreißig Minuten später war das Buch zu Ende, und nun schaute Gabriel ihn endlich an, jedoch ohne ihn wirklich zu sehen – der entrückte Ausdruck, der in Herman den Wunsch geweckt hatte, das Buch zu lesen, das der andere in der Hand hielt, war geblieben. Körperlich anwesend, aber gleichzeitig weit, weit weg zu sein war die Lösung für Hermans Pubertätsprobleme. Das Buch war *Früchte des Zorns.*

Es begleitete Herman von nun an und wurde bei jeder sich bietenden Gelegenheit hervorgeholt. Allerdings las er es nur im stillen Kämmerlein, denn sein Vater war von der neuen Leidenschaft seines Sohnes alles andere als angetan, und Hermans Schwestern fanden es lästigerweise höchst amüsant, dass er – wie sie glaubten – den Wunsch hatte, den Tramper nachzuahmen. Seine Mutter, die schon immer seine stille Verbündete gewesen war, unterstützte ihn zwar nicht direkt, aber wenn sie ihn irgendwo zusammengekauert in einer Ecke beim Lesen antraf – die Gedanken in einer anderen Zeit und an einem anderen Ort –, warnte sie ihn, sobald jemand sich näherte. Und das reichte ihm. Hank dagegen weckte Herman, wenn er spätabends von einer Sauftour zurückkam – allein der Alkoholdunst genügte schon, um seinen kleinen Bruder aus dem Schlaf zu reißen –, und verlangte, dass er ihm etwas vorlas. Wenn Herman dann müde wurde und mitten im Satz einschlief, trat Hank von unten so heftig gegen die Matratze ihres Doppelstockbetts, dass Herman herausflog, aber dann rappelte er sich schnell wieder auf, kletterte zurück nach oben und las weiter.

Herman war nicht sicher, ob das nur eine neue Art brüderlicher Folter war oder ob Hank sich wirklich für die Bücher interessierte. Heute, wo sie beide über fünfzig waren, war er ganz sicher, dass Hank die gleiche Fähigkeit besaß wie er selbst und sich genauso in einer Geschichte verlieren konnte. Sie waren sich ähnlicher, als ihm damals klar gewesen war. Beide hatten den Wunsch, der Realität zu entfliehen, aber während Herman seine Zuflucht in Romanen suchte, hatte Hank sich für Drogen und Alkohol entschieden.

Als Herman damals *Früchte des Zorns* fertig gelesen hatte, fing er sofort wieder von vorn an. Und dann las er es gleich ein drittes Mal. Es fühlte sich an, als müsste er einen unstillbaren Hunger befriedigen. Er begann, sich Bücher anzuschaffen, kaufte sie auf Flohmärkten, in Secondhandläden, nahm sie mit, wenn jemand sie irgendwo liegen gelassen hatte, wobei ihm das Busdepot gute Dienste erwies. Und er las sie alle. Später in seiner Karriere spielte er eine Weile mit dem Gedanken, einen Buchladen aufzumachen, in dem er endlos herumstöbern konnte, aber dann wurde ihm klar, dass diese Art von Geschäft weder seinen finanziellen Appetit noch die Leidenschaft in ihm stillen würde. Seine Geschäftsprojekte waren immer gewinnorientiert, aber Bücher gehörten zu den wenigen Dingen in seinem Leben, bei denen es ihm nicht um Geld ging. Dabei machte er allerdings noch eine Entdeckung: Er liebte das Lesen, aber er sehnte sich danach zu schreiben.

Deshalb hatte er auch alle Buchverträge abgelehnt, die ihm angeboten wurden und bei denen ein Ghostwriter seine Lebensgeschichte aufschreiben sollte – wenn jemals etwas über sein Leben erzählt würde, wollte er das selbst tun. Aber er fand nie die Zeit dafür, und er wusste auch nicht recht, wie er seine Geschichte erzählen sollte, wo er doch noch mittendrin steckte. Und wenn seine Geschichte zu Ende war, dann war es zu spät. Er hielt nichts von Autobiografien, wollte sich nicht zu dieser Schreibform herablassen, und er verachtete die unautorisierten Veröffentlichungen mit seinem Gesicht und seinem Namen auf dem Cover, die den Eindruck erwecken sollten, sie hätten irgendetwas mit ihm zu tun. Er hatte auch keine Lust, einen Businessratgeber zu schreiben, was ihm ebenfalls wiederholt nahegelegt wurde. *Folg deinem Instinkt und benutz dein Hirn* – das war sein Motto, aber dieser einfache Satz ließ sich nicht auf die gewünschte Seitenzahl ausdehnen.

Vermutlich schlummerte in seinem Hinterkopf die feste Überzeugung, dass er irgendwie und irgendwann die Gelegenheit finden würde, das Buch, das er schreiben wollte, tatsächlich zu schreiben. Es sollte ein Klassiker werden, eine Geschichte, die junge Männer und Frauen auf der ganzen Welt mitreißen würde, eine Geschichte, die so überwältigend war, dass sie den Lesern den Atem raubte, dass man sich verloren fühlte, wenn man das Buch zuklappte, aber wiedergefunden, wenn man es wieder aufschlug. Es würde die Leser dazu bringen, ihr ganzes Leben infrage zu stellen, Fehler in dem zu finden, was sie bisher für Glück gehalten hatten, und Glück in vermeintlichen Fehlern. Das Buch würde emotional sein, zutiefst persönlich, und vor allem würde es die Herzen der Leser bewegen. Sie würden sich mit seiner Geschichte identifizieren, sie würden die Figuren ins Herz schließen, sie jeden Tag mit sich herumtragen, als wären es geliebte Menschen, und ihre Erfahrungen nutzen, um sich von ihnen durchs Leben führen zu lassen. Das Buch würde monumental werden, zeitlos, einfach perfekt.

Die Frage war nur: Woher sollte ein Mann wie Herman die Zeit nehmen, dieses Buch zu schreiben? Außerdem hatte er Angst, dass er sich, sosehr man ihn in der Geschäftswelt auch respektierte, in der Literaturwelt womöglich blamieren könnte. Nein, er durfte es keinesfalls an die große Glocke hängen, er musste dieses Vorhaben in aller Stille angehen, ohne dass irgendjemand davon erfuhr.

Es war doch ganz einfach. Herman wollte schreiben. Herman musste schreiben. Also würde Herman Banks den perfekten Roman erschaffen.

II

Der Chauffeur steuerte den Wagen die Auffahrt hinunter, Kies spritzte auf und schlug klappernd gegen das Fahrgestell. Schon vor zwei Minuten hatte die Inschrift *Burns' Estate* sie auf den Steinsäulen des Haupttors begrüßt, und noch immer war das Haus nicht in Sicht. Es war Januar, die Bäume ähnelten Skeletten, graue Wolken hingen tief am Himmel, und obwohl sie sich in einer lebhaft grünen, ländlichen Gegend befanden, mangelte es ihr in diesem Teil an Farbe. Herman lächelte in sich hinein und war ehrlich zufrieden, ein Gefühl, das er schon lange nicht mehr gekannt hatte. Die Szenerie war perfekt, er hätte sie sich nicht besser ausdenken können.

Gregory Burns war einer seiner Lieblingsschriftsteller. Keiner der Klassiker, die er auf dem Heuboden verschlungen hatte, sondern aus einer späteren Zeit, als er schon in die große weite Welt gezogen war. Auf Gregory Burns' Roman *Der Erlöser* war Herman in Chicago gestoßen, wo er sich seine erste Wohnung eingerichtet hatte, und es war das erste Buch seines Erwachsenenlebens, in der Zeit, als er anfing, Risiken einzugehen und wagemutig zu werden.

Herman verschlang die Bücher von Gregory Burns, der selbst aus Chicago stammte und dessen Werk stark von der Großen Depression beeinflusst war, unter der er offensichtlich sehr gelitten hatte. Herman war fasziniert vom privaten und beruflichen Werdegang des Schriftstellers, von dessen kompliziertem, oft von Pech und unklugen Entscheidungen geprägtem Leben. Irgendwann war Burns in die Nähe von Bath in Südwestengland gezogen, wo er seinen letzten Roman mit dem Titel *Der Erlöser* geschrieben hatte. Vor zehn Jahren hatte Herman in einem Londoner Antiquariat für zehntausend Pfund eine Erstausgabe und das auf der 1932er Underwood-Schreibmaschine getippte Originalmanuskript ergattert – bis heute sein wertvollster Besitz. Und nun war er unterwegs zum Haus von Gregory Burns, in dem das Buch geschrieben worden war. Herman hatte das Anwesen vor Kurzem gekauft, und in dieser Kulisse wollte er seinen eigenen ersten Roman schreiben.

Neben ihm im Auto saß Amber, eingehüllt in ihren Pelzmantel, zart und schön wie immer, und ihr Chanel N° 5 erfüllte mit seinem dezenten Duft die Luft. Seit sie in Heathrow gelandet waren und die Reise nach Litherly im englischen Südwesten angetreten hatten, war sie äußerst wortkarg gewesen. Als er ihr erzählte, dass er einen Roman schreiben wollte, hatte sie wesentlich positiver reagiert, als er erwartet hatte – sie hatte ihn unterstützt und sich darüber gefreut, dass er so viel Enthusiasmus für etwas anderes als Geldverdienen zeigte. Als er ihr dann mitteilte, dass er ein Haus in England gekauft hatte und sie im Lauf der nächsten Monate dorthin ziehen würden, hatte sie sich allerdings eher seinen Erwartungen gemäß verhalten. Er hatte das Haus gekauft, ohne ihr etwas davon zu sagen – »Ich hab schließlich auch das Recht auf meine kleinen Geheimnisse«, hatte er sich, zugegebenermaßen ziemlich kindisch, verteidigt. Er konnte einfach nicht anders, solche Bemerkungen kamen ihm zurzeit nur allzu leicht über die Lippen und hatten meist auch den erwünschten Effekt. So auch diesmal: Amber hatte getroffen gewirkt, verletzt darüber, dass er sie an seine eigene Verletzung erinnert hatte. Natürlich wusste er nicht, wie lange sie ihre Reserviertheit durchhalten würde – hoffentlich nicht allzu lange –, aber er wusste auch nicht, wie lange er selbst noch dieses Gefühl haben würde. Hoffentlich würden sie beide bald wieder zu einem normalen Umgang zurückfinden.

Obwohl Amber überrascht und verärgert gewirkt hatte, als er ihr von dem Kauf des Anwesens erzählte, hatte sie sich nicht beschwert, als er ihr mitteilte, dass sie für eine nicht absehbare Zeit anderswo wohnen würden, denn es war ihr nach wie vor immens wichtig, ihre Ehe wieder zum Funktionieren zu bringen, und sie wollte um jeden Preis verhindern, dass Herman sie verließ. Er wusste, dass sie ihn liebte, und das tröstete ihn, auch wenn es ihren Seitensprung in gewisser Hinsicht noch schlimmer machte. Wenn sie wenigstens eine dieser Frauen gewesen wäre, die ihre Abneigung gegen ihre Ehemänner offen zur Schau trugen und es nur auf das Geld abgesehen hatten, dann hätte er gewusst, was er zu erwarten hatte, und sich darauf einstellen können.

Aber Amber war anders. Amber war taktvoll, sie war sanft, ausgesprochen fürsorglich und manchmal auch ein bisschen naiv. Sie war ein guter Mensch, ehrlich und gutherzig, unverdorben, und sie ließ sich nicht vergiften, trotz allem, was sie um sich herum sah und hörte. Die beiden hatten sich bei einer Weihnachtsparty kennengelernt, die vom Geschäftsführer einer Bank, mit der Herman geschäftlich verbunden war, ausgerichtet wurde. Amber war als Freundin der Tochter des Bankers erst in letzter Minute eingeladen und eigentlich nur zum Spaß neben Herman gesetzt worden. Da es zwischen den beiden keinerlei Gemeinsamkeiten gab, rechnete niemand damit, dass sie etwas miteinander anfangen könnten. Aber sobald Herman Amber die Hand geschüttelt hatte, war er in ihren Bann geschlagen, konnte sich auf kein einziges Gespräch mehr konzentrieren und wartete den ganzen Abend nur auf eine Chance, einigermaßen höflich aus der üblichen Konversation auszusteigen und sich stattdessen mit Amber zu unterhalten.

Sie war ein bisschen nervös, als sie zu dem Dinner eingeladen wurde – verständlicherweise, denn es war eine einschüchternde Gesellschaft, an der allerdings auch Herman keinerlei Interesse hatte, abgesehen von dem Hundert-Millionen-Kredit, der ihm für ein neues Bauprojekt in Lower Manhattan in Aussicht gestellt worden war. Aber Amber brachte ihn zum Lachen, sie strahlte, und sie war die einzige Frau an seinem Tisch, im ganzen Raum, ja, in seinem ganzen Leben, bei der er sich jemals so gefühlt hatte. Sie war frisch, sie vertrat Ansichten, die ihn interessierten, Meinungen, die ihn amüsierten, und ihre Schönheit hypnotisierte ihn. Im Geschäft fühlte er sich meistens wie eine Bulldogge, immer in Verteidigungsstellung, immer bereit zum Angriff, aber wenn er mit Amber zusammen war, verwandelte er sich im Handumdrehen in einen Welpen, fühlte sich sanft und entspannt – und genau dieses Gegengewicht brauchte er in seinem Leben.

Sechs Monate nach der Dinnerparty verlobten sich Herman und Amber. Freunde und Bekannte kritisierten Herman und meinten, er wäre ein verrückter alter Narr, sich in eine Frau zu verlieben, die es doch so offensichtlich auf sein Geld abgesehen hätte. Obwohl Herman sie nie dazu drängte oder Zweifel an ihr anmeldete, bestand Amber darauf, einen Ehevertrag abzuschließen, was den größten Teil der Gerüchteküche zum Schweigen brachte und auch die letzten Bedenken in Hermans eigenem Kopf ausmerzte.

Doch nun, nachdem sie gut ein Jahr verheiratet waren, hatte Amber eine Affäre gehabt, was Herman nie von ihr erwartet hätte. Nicht so sehr, weil er es grundsätzlich für ausgeschlossen hielt, er konnte es sich nur einfach nicht vorstellen. Zwar hätte er nie behauptet, dass er Amber durchschaute – sie durchschaute ihn weit mehr –, aber er konnte einfach nicht glauben, dass sie zu so einem Verhalten fähig war: wie sie die Lügen, die Heimlichkeiten und nicht zuletzt die körperliche Nähe eines anderen Manns aushielt, die sie sonst immer abstoßend zu finden schien, wenn sie Offerten bekam. Wenn sie allein ausging, erzählte sie Herman oft von irgendwelchen schmierigen Annäherungsversuchen, beinahe so, als hätte sie ein schlechtes Gewissen und fühlte sich verantwortlich dafür. Ihm davon zu berichten, schien für sie geradezu eine Erleichterung zu sein. Amber konnte nicht die kleinste Lüge erzählen, und sie bekam schon ein schlechtes Gewissen, wenn sie Herman anblaffte oder auch nur auf eine Art mit ihm redete, die sie selbst nicht angemessen fand. Er wusste, dass sie nicht verrückt nach Sex war und dass sie vor Herman mit zwei Männern geschlafen hatte – einem Schulfreund und einer College-Beziehung. Und gerade dieses völlig untypische Verhalten machte Herman fast mehr zu schaffen als die Kränkung, betrogen worden zu sein. Auf einmal war er nicht mehr sicher, ob er sie wirklich kannte, ob er sie jemals wirklich gekannt hatte, ob die Frau, in die er sich verliebt hatte, die wirkliche Amber war. Und weil er ausgerechnet von dem Menschen, der ihm am nächsten stand, zum Narren gehalten worden war, fragte er sich plötzlich, ob er sich womöglich auch in den anderen Menschen seiner Umgebung geirrt hatte. Zweifel waren zerstörerisch, im Geschäftsleben genauso wie in der Ehe. Und so geriet auf einmal die ganze Grundlage seines Lebens ins Wanken.

Irgendwann würde er ihr sicher vergeben, aber jetzt brachte er es noch nicht fertig. Er war sicher, dass es für sie beide viel zu lernen gab, dass die Ehe aber immer noch funktionieren konnte. Das wusste er, weil er es von sehr vielen Leuten in seiner Umgebung gehört hatte, die dieselbe Erfahrung durchgemacht hatten – offenbar kam es weit öfter vor, dass Ehefrauen fremdgingen, als er gedacht hatte. Nicht dass er diese Erkenntnis tröstlich gefunden hätte, er war auch noch nicht bereit, zu verzeihen oder sich selbst zu hinterfragen, dafür war er zu gekränkt und wütend und auch seltsam zufrieden damit, eine Zeit lang in diesen Gefühlen zu schmoren. Er hatte das Recht dazu. Er würde sich auf *Burns' Estate* zurückziehen, seine Wunden lecken, den perfekten Roman schreiben, seine verletzte Beziehung ausheilen lassen, und irgendwann würde er wieder mit seiner Frau schlafen können, ohne ständig von der fixen Idee abgelenkt und gequält zu werden, dass er ihren Liebhaber auf ihrer Haut schmeckte. Es war möglich, sie konnten noch gerettet werden.

Es war wie ein Wink des Himmels, als er sah, dass *Burns' Estate* auf dem Markt war. Auf ein solches Zeichen hatte er gewartet, während er überlegte, ob, wann und wie er seinem Traum vom Schreiben folgen sollte. Nun fand er es nicht auf den Immobilienseiten, die er jeden Sonntagmorgen auf dem Balkon bei Kaffee und Croissants gewissenhaft studierte, sondern stolperte darüber in einem kleinen Artikel in einem abseitigen Kunstmagazin, das er abonniert hatte. Eine Zeit lang war das Anwesen als Museum genutzt worden. Burns war sozusagen die Imelda Marcos der Schreibmaschinenwelt gewesen – er hatte jede verfügbare Kofferschreibmaschine gekauft, und nach seinem Tod war das Haus viele Jahre der Öffentlichkeit zugänglich gewesen, die dort seine berühmte Schreibmaschinensammlung bewundern konnte. Vor zwanzig Jahren hatten die Erben das Museum aufgelöst und das Anwesen privat vermietet, nun aber beschlossen, es zu verkaufen, und Herman dankte Gott, dass es solche egoistischen, geldgierigen Nachfahren gab, denen offenbar jede Sentimentalität fremd war.

Fast dreihundert verheißungsvolle Quadratmeter Wohnhaus nahe einem kleinen Dorf namens Litherly in Gloucestershire, Südwestengland, gehörten jetzt ihm. Das Anwesen war für zwei Millionen Pfund auf den Markt gekommen, und Herman hatte das schlechteste Geschäft seines Lebens gemacht, weil er nicht verhandelt, sondern einfach zum geforderten Preis zugegriffen hatte, plus einer Extrasumme für den Inhalt des Gebäudes. Zwei weitere Millionen gab er dafür aus, es seinen und Ambers Ansprüchen gemäß zu sanieren, und hinsichtlich der Einrichtung hatte er Amber völlig freie Hand gelassen. Wenn sie schon Hals über Kopf ans Ende der Welt umsiedeln musste, sollte sie hier wenigstens einigermaßen stilgerecht leben. Herman freute sich auf den Umzug und sah die Veränderung als Abenteuer – wie ein Junge, der sich auf den Weg in ein Zeltlager mitten in der Wildnis machte. Amber beschwerte sich zwar immer noch nicht, wirkte aber extrem verunsichert.

Als sie um die Kurve bogen, kam plötzlich das Haus in Sicht, und ohne nachzudenken, packte Herman Ambers Hand. Sofort wurde ihr Gesicht sanfter, denn sie erinnerte sich daran, warum sie hierhergekommen waren: damit Herman seinen Traum verwirklichen konnte, damit sie bei ihm sein konnte, damit sie zusammen waren. Herman dagegen erinnerte sich daran, was Amber ihm angetan hatte. Hastig ließ er ihre Hand wieder los, wandte sich ab und starrte aus dem Fenster.

In der Auffahrt vor dem Haus stand ein alter, flaschengrüner, mit Schlammspritzern übersäter Range Rover, aber niemand saß darin. Im Haus brannte Licht, und als sie hielten, öffnete sich die königsblaue Haustür. Heraus trat eine schmale, in dunklen Tweed gekleidete Frau mit mausbraunen Haaren und blickte ihnen freundlich, aber etwas unbehaglich entgegen. Offensichtlich wusste sie nicht, wohin mit ihren Händen, die erst dem Auto zuwinkten, dann an ihrer Nase kratzten, durch die mausbraunen

Haare fuhren, den Tweedrock glatt zupften, am Saum der Jacke zerrten und sich schließlich ineinander verschränkten und wieder lösten.

»Harriet, Harriet, Harriet«, murmelte Herman leise vor sich hin, mehr, um sich den Namen ins Gedächtnis zurückzurufen, als um ihn seiner Frau mitzuteilen. Amber war bereits dabei auszusteigen, denn sie war gespannt auf ihre neue Unterkunft, in der sie bis auf unbestimmte Zeit wohnen würde.

»Hallo, Harriet«, sagte Amber und streckte der Tweed-Frau die Hand entgegen. »Ich bin Amber Banks. Freut mich, Sie endlich persönlich kennenzulernen.«

Die Begrüßung war so herzlich, dass Harriets Gesicht sich sofort aufhellte. »Oh, Mrs Banks, es freut mich auch sehr, Sie kennenzulernen.«

»Bitte sagen Sie doch Amber zu mir.«

Aus der Nähe hatte Harriet Ähnlichkeit mit einem Pferd; sie war ungeschminkt, die Haut von Wind und Wetter gegerbt, die Wangen gerötet. Auf der Oberlippe prangte ein großer Leberfleck mit ein paar dicken schwarzen Haaren, der beim Sprechen heftig auf und ab wippte, als hätte er ein Eigenleben.

»Nennen Sie mich bitte Hattie. Mr Banks, ich heiße Sie herzlich willkommen«, fügte sie an Herman gewandt hinzu, ergriff seine Hände und verbeugte sich tief.

»Danke«, antwortete Herman knapp und spähte neugierig zur Haustür, die einen Spalt offen stand.

»Es ist uns eine große Freude, dass Sie das Haus gekauft haben, denn wir haben immer gehofft, dass es jemand erwerben würde, der sich wirklich dafür interessiert und weiß, was es wert ist. Und nach allem, was ich gehört habe, sind Sie dafür genau der Richtige.«

Herman hörte sie kaum, denn er konnte sich auf nichts anderes konzentrieren als auf die halb offene Tür. Am liebsten wäre er sofort ins Haus gelaufen, und nach dem langen Flug und der langen Autofahrt war er froh, endlich am Ziel zu sein, und überhaupt nicht in der Stimmung für Small Talk.

»Ja, Herman ist ein großer Fan von Mr Burns«, antwortete Amber an seiner Stelle, obwohl sie das erst seit Kurzem wusste.

»Wie Sie ja wissen, bin ich jederzeit für Sie da«, fuhr Hattie mit der Begrüßung fort, »ganz gleich, ob Sie Fragen zur Umgebung haben oder ob es um Dinge im Haus geht. Aber was stehe ich hier herum und schwatze, Sie wollen bestimmt schnell aus der Kälte und ins Haus. Hier sind Ihre Schlüssel.« Da sie nicht sicher war, wem sie die Schlüssel geben sollte, ließ sie den Bund in der Luft baumeln.

Herman schnappte ihn sich.

»Gibt es nur einen?«, fragte Amber, und wieder meinte Herman diesen Unterton zu hören, diese leichte Panik.

»Bestimmt gibt es im Ort einen Schlüsseldienst, wo wir uns einen nachmachen lassen können«, sagte er und begann, die Treppe zur Tür emporzusteigen.

»Ja, selbstverständlich. Nach Litherly sind es etwa zwanzig Minuten. Einfach den Weg zurück, den Sie gekommen sind, Sie sind bestimmt durchgefahren.«

»Ich kann mich an keine Ortschaft erinnern«, meinte Amber.

»Ah, man kann es leicht übersehen«, meinte Hattie mit

einem freundlichen Lächeln. »Es sind nur ein paar Häuser, ein abgelegenes Dorf mit hübschen alten Cottages und einer Kirche aus dem 19. Jahrhundert, alles um einen kleinen Dorfanger herum. Es gibt einen Laden und einen Pub, klein, aber ausreichend. Im Laden können Sie den Schlüssel bestimmt nachmachen lassen. Von Litherly nach Bath dauert es etwa eine Stunde, aber Sie sollten sich vielleicht erst ein bisschen an die Straßen gewöhnen, bevor Sie hinfahren, denn die sind selbst unter den besten Bedingungen ein bisschen vertrackt.«

Amber schluckte und nickte. Zu dritt betraten sie nun endlich das Haus, und Amber schien sich zu freuen, als sie dort ihre gewohnten Sachen entdeckte. Langsam schlenderte sie den Korridor hinunter, nahm die Zimmer in Augenschein und legte hier und dort die Hand auf Polsterstühle und Vorhänge. Herman eilte voraus, öffnete Türen, verschwand in Zimmern, die in andere Zimmer führten, und erforschte das neue Heim. Anfangs versuchten Hattie und Amber, Schritt zu halten, aber bald verloren sie Herman aus den Augen. Im Salon machten sie halt.

»Wann ist das Haus eigentlich gebaut worden?«, fragte Amber, schaute sich um und zog ihren Pelzmantel enger um sich. Ihre Stimme klang klein und jung in dem alten Gemäuer.

»Die ersten Unterlagen stammen aus dem Jahr 831. Bis zu der Auflösung der Klöster 1539 gehörte es der Abtei. Danach ging es durch viele Hände, was man gut an den verschiedenen Anbauten nachvollziehen kann. Der nördliche Teil ist der älteste noch vorhandene und stammt aus dem Mittelalter. Um 1600 wurde das Haus erweitert und neu gestaltet, und im frühen 18. Jahrhundert wandelte es sich von elisabethanisch zu georgianisch.« Hattie musterte Amber, merkte, dass die junge Frau sich unbehaglich fühlte, und milderte ihren Maklerton ein wenig. »Ich denke, Sie werden hier viel zu entdecken finden, viel zu tun. Der Garten ist terrassenförmig angelegt, wurde von Robert Ludlow Codrington entworfen und ist sehr gut gepflegt und instand gehalten, obwohl er um diese Jahreszeit natürlich nicht viel Farbe hat. Übrigens gibt es auch einen Taubenschlag auf dem Grundstück.«

»Einen Taubenschlag?«, wiederholte Amber, und ihr Gesicht hellte sich auf.

»Ja. Das Taubenhaus – *Ihr* Taubenhaus ist ein frei stehender runder Bau auf der Wiese westlich vom Gebäude, mit Nistplätzen für die Vögel. Historisch war ein Taubenschlag eine wichtige Nahrungsquelle, und man hielt sich die Vögel wegen der Eier, des Fleischs und natürlich auch wegen des Düngers.«

Amber rümpfte die Nase, und Hattie lachte. »Ja, zum Glück hat sich inzwischen einiges verändert. Ein Fasan wäre mir zum Essen auch jederzeit lieber«, lachte sie, und ihr Leberfleck hüpfte auf und ab, als wollte er ihr nachdrücklich zustimmen.

»Wo ist eigentlich die ursprüngliche Einrichtung geblieben?« Ohne dass die beiden Frauen ihn kommen gehört hatten, marschierte Herman herein.

»Die Sachen sind im Pfarrhaus nebenan untergebracht, Mr Banks«, antwortete Hattie. »Ihr Dekorateur hat darauf bestanden, dass ich sie aufbewahre, damit Sie sich die Originale anschauen können, wenn Sie wollen. Aber obwohl ich auf dem Gebiet durchaus keine Expertin bin, ist es ziemlich offensichtlich, dass Sie einen wesentlich besseren Geschmack haben.«

»Wo ist das Pfarrhaus denn?«

»Es ist das nächste Haus östlich von hier. Solange das Museum offen war, gab es dort eine Teestube, aber seit es vor zehn Jahren dichtgemacht hat, wird sie nicht mehr genutzt. Wenn Sie sich vergewissern möchten, dass alles in Ordnung ist, führe ich Sie gerne hin.«

»Nein, danke. Ich sehe mir die Sachen gelegentlich an. Aber ich hatte darum gebeten, dass die Schreibmaschinen und der Schreibtisch im Haus bleiben.«

»Die Schreibmaschinen und der Tisch stehen in Gregory Burns' ursprünglichem Arbeitszimmer, wie Sie es gewünscht haben.«

Jetzt schien Herman sich ein wenig zu entspannen und sogar zu freuen. Amber strahlte.

»Darf ich fragen, ob Sie auch an einem Buch schreiben, Mr Banks?«

Herman zögerte, denn es war das erste Mal, dass ihm diese Frage gestellt wurde, und er war verlegen, aber auch ein bisschen stolz. »Nun, ich …«, setzte er an, fand aber nicht die richtigen Worte, was ganz untypisch für ihn war. Hilfesuchend schaute er seine Frau an. Aber sie erwiderte seinen Blick nur überrascht und erstaunt. »Hm, ja. Ja, ich schreibe.«

»Ist das nicht wundervoll?«, flüsterte Hattie mit großen Augen. »Ich versichere Ihnen, das bleibt unter uns, Mr Banks. Aber es ist herrlich, dass hier endlich wieder geschrieben wird.« Sie blickte sich um. »Ich hoffe, es wird das Haus sehr glücklich machen.«

Herman gefiel die ungewöhnliche Formulierung und auch die Vorstellung, dass er dem Haus sozusagen ein Geschenk machte.

»Es ist lange her, dass jemand hier mit der Schreiberei erfolgreich war. Nicht, dass es nicht mehrere versucht hätten«, fuhr Hattie mit einer wegwerfenden Handbewegung fort. »Aber ich bezweifle keine Sekunde, dass es bei Ihnen anders ist, Mr Banks.«

»Was meinen Sie damit – mehrere haben es versucht?«

Hermans Ton brachte die beiden Frauen zum Stutzen, und sie starrten ihn verwundert an. Es war die Stimme eines verwöhnten Kindes, das gerade erfahren hatte, dass es nicht mehr lange das einzige Kind bleiben würde.

»Nun, Mr Burns war ein sehr populärer Autor, geradezu legendär, deshalb haben sich ein paar Leute hier für ein paar Monate eingemietet und versucht, seine Arbeit nachzuahmen. Aber sie hatten ganz sicher nicht Ihr Engagement und Talent, Mr Banks«, erklärte Hattie und gab sich alle Mühe, Hermans Ego zu schmeicheln.

Herman verdaute die Information noch, während Amber Hattie zur Tür brachte. Als sie außer Hörweite waren, fragte Amber: »Und keiner von denen ist fertig geworden?«

»Wie bitte?«

»Keiner von diesen Leuten, die hierhergekommen sind, um zu schreiben«, erklärte Amber mit gesenkter Stimme. »Ist keiner von denen mit seinem Projekt fertig geworden?«

Hattie begriff, dass die Frage mehr Gewicht hatte, als auf den ersten Blick zu erkennen war, und antwortete leise: »Nein«, fügte aber, wie um Amber zu trösten, hastig hinzu: »Na ja, einer hat es fast geschafft.« Dann schaute sie sich um, als müsste sie sich vergewissern, dass niemand sie belauschte, ehe sie fortfuhr: »Aber er hat uns verlassen, bevor es so weit war. Vielleicht hat er sein Buch anderswo fertig geschrieben, aber … ich glaube es eigentlich nicht. Das war in meinem ersten Jahr hier, und an die Details erinnere ich mich nicht mehr genau.« Sie lächelte nervös und fischte eine Visitenkarte aus ihrer Tasche. »Wenn Sie irgendwann mal das Bedürfnis haben, mich anzurufen, hier ist meine Nummer. Ich mache mein Handy nie aus, und abgesehen von gelegentlichen Netzstörungen – ich wohne oben in den Hügeln – bin ich immer erreichbar. Egal, wann. Egal, worüber Sie reden wollen.« Dann hellte sich ihr Gesicht wieder auf. »Gut. Am Montag komme ich mit den Heizungsleuten. Sie müssen noch ein paar Sachen reparieren, die sie kaputtgemacht haben – obwohl sie natürlich behaupten, es wäre nicht ihre Schuld gewesen. Wenn ich Ihnen also was mitbringen kann oder wenn Sie noch Fragen haben, über das Haus oder die Gegend, dann zögern Sie bitte nicht, mich zu kontaktieren. Ach, und noch etwas, Mrs Banks.« Ihre Stimme wurde sanft. »Ich wünsche Ihnen viel Glück mit dem Haus.« Nach einem letzten Blick in die Runde schloss sie die Tür hinter sich.

»Danke«, flüsterte Amber und drückte die Karte mit der Handynummer fest an ihre Brust. Lange hielt sie sich daran fest, als wäre es die einzige Verbindung zu etwas wenigstens ansatzweise Menschlichem außerhalb dieses Hauses.

III

»Worum geht es?«

Er hatte Amber nicht die Treppe heraufkommen hören, weil er völlig in seine eigene Welt versunken gewesen war, und nun stand sie plötzlich hinter ihm. Er saß in Gregory Burns' Arbeitszimmer, an dessen Schreibtisch aus dem Jahr 1930 – Mahagoniholz mit einem schwarzen Ledereinsatz, rissig und faltig wie von einem alten Schwein. Auf dem Schreibtisch stand eine tragbare Underwood-Kofferschreibmaschine, eine von den Hunderten antiker Maschinen, die auf den Regalwänden ausgestellt waren, wie um Herman die perfekte Motivation zum Schreiben zu liefern. Er hatte darum gebeten, die 1930er Underwood aus dem Schaukasten zu nehmen, weil er wusste, dass Burns seinen letzten Roman *Der Erlöser* auf dieser Maschine geschrieben hatte, und obwohl Herman nicht die Absicht hatte, seinen Roman auf dem alten Ding zu tippen, wollte er es doch als Inspiration in Sichtweite haben. Das Zimmer war schlicht, für Hermans persönlichen Geschmack vielleicht etwas zu schlicht eingerichtet, denn in seinen Büros überall auf der Welt gab es Ledermöbel und deckenhohe Bücherregale, und die Wände waren mit Diplomen, Auszeichnungen und Fotos von Weltenlenkern und Sporthelden geschmückt, deren Bekanntschaft er gemacht hatte. Aber er hatte den Dekorateur angewiesen, das Schreibzimmer nicht anzurühren, weil er es ganz authentisch belassen wollte, genau so, wie es war, als Gregory Burns hier geschrieben hatte, und er hoffte, dass dieser ganz spezielle Raum seiner Kreativität zuträglich sein würde.

Vor dem Schreibtisch stand ein einfacher Holzstuhl, der in der Inventarliste als »Edwardianischer Kapitänsstuhl« aufgeführt, aber für Hermans kräftige Sitzfläche nicht ganz groß genug war. Er wirkte eher wie ein Frauenstuhl, und es ging Herman durch den Kopf, dass Gregory wohl ein eher zierlicher Mann gewesen sein musste. Es gefiel ihm, dass er einfach dadurch, dass er in diesem Haus wohnte und auf diesem Stuhl saß, eine Menge persönlicher Details über sein Idol erfuhr. Das Zimmer lag im zweiten Stock, und der Schreibtisch stand am Fenster, von dem man auf den Haupteingang des Hauses hinunterblickte. Auch das war ganz nach Hermans Geschmack. Genau wie Gregory legte auch er Wert darauf, über das tägliche Kommen und Gehen im Haus Bescheid zu wissen. Westlich vom Haus konnte er den Taubenschlag erkennen, der einsam auf der öden Wiese stand. Wahrscheinlich war er im Frühling und Sommer nicht zu sehen, denn die Wiese war von großen, jetzt natürlich kahlen Bäumen gesäumt, die sich vor ein paar Monaten von ihren sterbenden Blättern verabschiedet hatten. Vor dem Haus erstreckten sich weitere Wiesen, und irgendwo in der Ferne lag Litherly, versteckt wie ein winziges Tudor-Städtchen, das man mit bloßem Auge nicht ausmachen konnte – von *Burns' Estate* konnte man nicht einmal die nächsten Nachbarn sehen. Als ein Kaffeebecher auf dem Schreibtisch erschien, erwachte Herman aus seinen Gedanken und kehrte mit seiner Aufmerksamkeit wieder ins Zimmer zurück.

Amber stieß einen kleinen Schrei aus und hob den Becher wieder hoch. »Ich glaube, ich sollte lieber einen Untersetzer holen, wo dieser Schreibtisch vermutlich mal Heinrich VIII. gehört hat.« Suchend blickte sie sich im Zimmer nach einem geeigneten Gegenstand um. »Hm. Vielleicht bleibe ich am besten einfach hier stehen und halte die Tasse für dich. Ich sage auch kein Wort.«

Ganz gegen seinen Willen musste Herman lachen, riss ein Blatt aus seinem Notizheft und legte es als Unterlage für den Becher auf den Tisch. »Danke. Wie hast du letzte Nacht geschlafen?«

Sie schauderte unwillkürlich. »Eigentlich gar nicht. Und du? Na ja, ich weiß, dass du geschlafen hast, du hast die halbe Nacht geschnarcht. Aber ich hab dauernd Geräusche gehört.«

»Das Haus ist eben sehr alt.«

»Sehr alt und sehr laut. Fandest du es nicht auch ein bisschen unheimlich?«

»Nein«, antwortete er fest, als wollte er dieses Thema von Anfang an klarstellen.

»Und es war kalt.«

Das konnte auch er nicht leugnen. »Die Frau hat gesagt, am Montag kommen Leute, um die Heizung zu reparieren.«

»Die Frau heißt Hattie.« Amber betrachtete das Notizheft, das auf dem Schreibtisch lag. Seit drei Stunden saß Herman schon im Arbeitszimmer, und er hatte es noch nicht einmal aufgeklappt. Er hatte seinen Laptop in die Schreibtischschublade gepackt und beschlossen, mit Stift und Papier zu arbeiten, weil sich das für ihn natürlicher anfühlte. Aber dann hatte er die Zeit damit vertrödelt, die ganzen Schubladen und Fächer zu erforschen und sich jedes Möbelstück genau anzuschauen, obwohl auf ihnen schon längst keine Spuren früherer Besitzer mehr zu finden waren. Er hatte seine Erstausgabe von *Der Erlöser* und sogar das Manuskript mitgebracht, das am Morgen von Gregory Burns' Tod auf dem Schreibtisch entdeckt worden war. Herman hatte es von einem Großneffen des Schriftstellers gekauft. Der Mann war spielsüchtig gewesen, was Herman beim Aushandeln des Preises zugutegekommen war. Allerdings hatte der Rest der Familie danach den Kontakt zu dem Neffen abgebrochen und alle weiteren Schriftstücke von Burns in Sicherheitsverwahrung genommen.

Das getippte Manuskript mit Burns' persönlichen Korrekturen hatte auf dem Schreibtisch gelegen, als sein Leichnam in der Speisekammer entdeckt worden war – der Schriftsteller hatte sich erschossen. Man glaubte, dass er bereits längere Zeit an Depressionen und seit dem großen Erfolg seines preisgekrönten Romans *Um die Wahrheit zu sagen* viele Jahre an einer Schreibblockade gelitten hatte. *Der Erlöser*, sein letztes Buch, wurde allgemein als sein Meisterwerk betrachtet, aber dennoch war Burns allein und in Armut gestorben – vielleicht ohne zu wissen, wie großartig sein Werk tatsächlich war, vielleicht aber auch, weil er wusste, dass er es nicht mehr hätte überbieten können.

»Hast du eigentlich schon einen Titel für dein Buch?«, fragte Amber in dem erneuten Versuch, Verbindung zu Herman aufzunehmen, denn seine Gedanken wanderten schon wieder zu den Dingen in seiner Umgebung und lockten ihn in eine andere Zeit, an einen anderen Ort.

»Das Buch heißt *Der Erlöste*«, antwortete Herman schließlich und fingerte an den Manuskriptseiten herum. So. Da war es heraus. Er hatte es ausgesprochen, laut, vor einem Zeugen. Und er mochte den Titel immer noch, war immer noch stolz darauf.

»Gefällt mir. Worum geht es?«

Einen Moment musste Herman überlegen. Das war eine bedeutende Frage. Bedeutender, als seine Frau ahnen konnte. Worum ging es in seinem Roman? Es ging um sehr viele Dinge – um Liebe, Verlust, gesellschaftliche Wahrnehmung, um die Zerbrechlichkeit der Liebe, die Kraft des menschlichen Geistes, um alles, worum es auch in Hermans Lieblingsromanen ging. Aber Ambers Frage umfasste noch etwas anderes, nämlich, wie er seine Botschaft übermitteln wollte.

»Es geht um einen Mann«, begann er und räusperte sich. »Einen Mann im viktorianischen England, der nach zehn Jahren Zwangsarbeit aus dem Gefängnis kommt und eine Welt betritt, die ihn irgendwie hinter sich gelassen hat.«

»Was hat der Mann denn verbrochen?«

»Er hat jemanden umgebracht.«

»Warum?«

»Das weiß ich noch nicht.«

»Wen hat er denn umgebracht?«

»Da bin ich noch nicht sicher.«

Amber presste die Lippen aufeinander und nickte ihm zu, eine Aufforderung, weiterzureden.

»Bei seiner Entlassung ist er nur noch ein Schatten seiner selbst. Er will sein früheres Leben wieder aufnehmen, schafft es aber nicht. Er plant, den Gefängnisgeistlichen zu finden, der ihn besucht hat, und begibt sich auf eine Büßerreise, um sich der Liebe und Zuneigung derer, die er verletzt hat, wieder würdig zu fühlen.«

Erneut schweiften Hermans Gedanken ab, und er verlor sich in einem der zahlreichen Fantasiebilder von Amber und ihrem Liebhaber. Heiße, verschwitzte nackte Körper, ineinander verschlungen, in seinem Heim, unter seinem Dach, hinter seinem Rücken. Sie lachten ihn aus. Und danach besaß sie tatsächlich noch die Frechheit, das Bett auch weiterhin mit ihm zu teilen. Ihm wurde übel. Er konnte sie nicht anschauen.

»Und gelingt es ihm?«, fragte Amber mit zitternder Stimme, als hätte sie seine Gedanken gelesen.

»Gelingt ihm was?«, blaffte er sie an, plötzlich genervt von ihrer Gegenwart.

»Gelingt es ihm, sich ihrer Liebe und Zuneigung wieder würdig zu fühlen?«

Herman dachte nach, durchforschte seine Gehirnwindungen nach Gedanken und Ideen, aber nichts wollte sich zeigen, und so forschte er tief in seinem Herzen.

»Wir müssen einfach abwarten«, sagte er schließlich zerstreut und starrte aus dem Fenster.

Er hörte, wie Amber leise schniefte, dann spürte er, dass sie das Zimmer verließ, ebenso sanft und still, wie sie gekommen war.

IV

Amber stand im Wohnzimmer, eine Tasse Kaffee in der Hand, und starrte aus dem Fenster. Als Herman den Raum betrat, drehte sie sich nicht um.

»Mit wem hast du vorhin telefoniert?«, fragte er.

»Mit meiner Mutter.«

»Sie ist aber noch sehr spät auf.«

»Sie konnte nicht schlafen.« Noch immer drehte sie sich nicht um. Herman war sicher, dass sie log, und kochte innerlich schon wieder vor Wut. »Der Jeep ist da«, sagte sie.

»Ja, ich hab ihn gehört. Hat die Frau irgendwas wegen unserem WLAN gesagt?«

»Die Frau heißt Hattie und wartet auf Nachricht von der Installationsfirma.«

»Also ehrlich, wie lange dauert denn das hier?«

Jetzt wandte sie sich ihm endlich zu. Rasch zog er den Bademantelgürtel fester um seine Taille. Es war schon Mittag, und er hatte sich noch immer nicht die Mühe gemacht, sich anzuziehen, genauso wenig wie gestern. Er wollte sich mit seiner üblichen Routine von Duschen und Anziehen nicht von dem ablenken, was ihm am wichtigsten war –

sofort nach dem Aufwachen in sein Arbeitszimmer zu gehen. Nicht dass er, wenn er dort war, viel anderes tat als aus dem Fenster in den rasch dunkel werdenden Tag zu starren. Amber wagte es nicht, ihn darauf anzusprechen, denn er war in den letzten Tagen ziemlich gereizt gewesen, noch gereizter als in den vorhergehenden Monaten, und sie hütete sich, ihn zu kritisieren.

»Wir könnten in die Stadt fahren und eine Bibliothek suchen. Dort findest du bestimmt die Bücher, die du für deine Recherchen brauchst. Außerdem wäre es schön, einfach mal rauszukommen und sich ein bisschen umzuschauen. Zu sehen, wo in aller Welt wir uns eigentlich befinden – ob wir überhaupt noch auf der Welt sind«, versuchte sie zu scherzen, brachte aber kein Lächeln zustande.

Herman tat so, als ließe er sich ihre Idee durch den Kopf gehen, obwohl er nicht die geringste Absicht hatte, das Haus zu verlassen, da er heute das sichere Gefühl hatte, dass sich mit seinem Buch etwas bewegte. Also murmelte er etwas von einer Tasse Kaffee, verließ rasch das Zimmer und ging in die Küche.

»Warum ziehst du nicht einfach alleine los und schaust dich ein bisschen um?«, rief er von nebenan, aber sobald die Worte über seine Lippen gekommen waren, bereute er sie auch schon wieder. Der Gedanke, dass sie ohne ihn etwas unternahm, ärgerte ihn. »Vielleicht lernst du ja jemand Nettes kennen«, fügte er gehässig hinzu.

»Deine Mutter hat gestern Abend angerufen«, sagte Amber und stand plötzlich hinter ihm.

»Hm?«

»Sie haben deinen Vater in der Klinik behalten, um noch mehr Untersuchungen zu machen.«

Sie wartete auf eine Reaktion von Herman, aber nichts dergleichen geschah. Stattdessen sah er auf die Uhr. »Jetzt ist es sowieso zu spät, um sie anzurufen, ich mach das nachher.« Er setzte sich an den Tisch. Sie beobachtete ihn.

»Meinst du, wir könnten uns ein zweites Auto zulegen?«, fragte sie.

»Wozu?«

»Für den Fall des Falles.«

»Wir haben einen Mercedes, der ist zuverlässig.«

»Nein, ich meine, für den Fall, dass ich unterwegs bin und du das Auto brauchst oder dass du unterwegs bist und ich das Auto brauche.«

»Ich glaube nicht, dass ich jemals so lange unterwegs sein werde, dass du nicht warten kannst, bis ich zurückkomme.«

»Bath ist eine Stunde entfernt, und es dauert ja schon zwanzig Minuten, um überhaupt zu unserem Tor zu kommen, ganz zu schweigen davon, unsere nächsten Nachbarn zu finden.«

»Also sorgen wir dafür, dass wir immer genug Zucker und Milch im Haus haben.« Er wollte lustig klingen, aber es hörte sich nur gemein an.

»Wenn du das Auto hast, würde ich einfach gern wegkönnen, wenn es nötig ist.«

»Wo willst du denn hin?«, fragte er und kniff argwöhnisch die Augen zusammen. Er dachte daran, wie er sie am Telefon vorgefunden hatte, als er die Treppe heruntergekommen war, wie sie mit leiser Stimme gesprochen und sofort aufgelegt hatte, als er den Raum betrat.

»Nirgendwo Bestimmtes. Das Haus hier ist so isoliert und abgelegen, da würde ich mich einfach besser fühlen, wenn ich ein Auto zur Verfügung hätte, falls ich wegwill oder -muss.« Sie schlang die Arme schützend um sich, als wäre ihr auf einmal kalt.

»Ja, vielleicht wäre das eine gute Idee«, sagte er und ging mit seinem Kaffee zur Treppe. »Wir wissen ja beide, wie ungern du allein bist.«

Später, als er an seinem Schreibtisch saß, hörte er, wie die Haustür geöffnet und wieder geschlossen wurde, und als er zum Fenster ging, sah er, wie Amber sich in Regenmantel und Gummistiefeln auf den Weg zu der Wiese mit dem Taubenschlag machte. Eine halbe Stunde lang beobachtete er sie dort. Wahrscheinlich weinte sie, aber Herman konnte kein Mitgefühl in sich spüren, nicht das geringste bisschen Gefühl für die Frau, die er doch von Herzen liebte.

V

In der ersten Woche in dem alten Haus verlief Hermans Tag ungefähr nach folgendem Schema: Um die Mittagszeit wachte er auf, ging, nachdem er sich einen Kaffee geholt hatte, direkt hinauf in sein Schreibzimmer, blieb dort bis zum späten Nachmittag, duschte dann und zog sich an, sofern er die nötige Energie dafür aufbrachte, was meistens nicht der Fall war, und wenn es dunkel wurde, kehrte er ins Schreibzimmer zurück. Zwischen ihm und Amber herrschte meistens Schweigen. An manchen Tagen unternahm sie den Versuch, ein Gespräch in Gang zu bringen, was sich immer als sehr anstrengend erwies, und inzwischen war ihr klar, dass es nicht leicht werden würde, ihre Ehe zu retten. An anderen Tagen bemühte sie sich nicht um Kommunikation, kochte aber weiterhin für Herman, hielt sein Essen entweder auf dem großen Aga-Herd warm, den sie ansonsten noch immer nicht zu benutzen gelernt hatte, oder brachte es ihm gleich in sein Schreibzimmer. Auch das hing davon ab, wie viel Energie sie zu investieren imstande war.

Als Herman zu Beginn der zweiten Woche mittags die

Treppe herunterkam, um sich seinen Kaffee zu holen, war Amber zum Weggehen angezogen, was sie – wie er, wenn auch nicht so extrem – schon einige Tage nicht mehr getan hatte.

»Was hast du vor?«

»Ich will mich endlich mal ins Dorf wagen und vielleicht noch ein Stückchen weiter – vorausgesetzt, ich fühle mich mutig genug, auf der falschen Straßenseite zu fahren. Wir haben fast nichts mehr zu essen im Haus, und ich werde sicher den ganzen Tag weg sein.«

»Ganz allein?«

»Na ja, ich hätte dich gefragt, ob du mitkommen möchtest, aber ich hatte nicht den Eindruck, als wolltest du deinen Bademantel verlassen – vom Haus ganz zu schweigen.« Wieder einmal war eine Bemerkung lustig gemeint, kam aber forciert heraus.

Herman erhaschte im Spiegel einen kurzen Blick auf sich selbst und war entsetzt. Seine dichten Haare waren wild zerzaust und hätten einen Friseurbesuch nötig gehabt, sein Kinn war unrasiert, sein Bademantel musste ebenso dringend in die Wäsche wie Herman unter die Dusche, aber er hatte keine Lust gehabt, irgendetwas zu tun oder irgendwohin zu gehen, sein Kopf war mit seiner Geschichte beschäftigt, hatte sich in einer konfusen, zusammenhanglosen Welt verirrt, die auf dem Papier einfach nicht lebendig werden wollte.

»Oh, wie ich aussehe«, seufzte er schließlich, setzte sich an den Küchentisch und gab allen Widerstand auf, den er an diesem Tag gegen seine Frau spürte. »Aber ich werde mich aufraffen, bis du wieder da bist.«

»Schon gut«, lächelte sie, ging zu ihm, stellte sich hinter ihn, legte ihm die Hände auf die Schultern und küsste ihn auf den Hinterkopf. Durch den Bademantel fühlten sich ihre Hände eiskalt an. »So ist es eben, wenn man mit einem Künstler verheiratet ist«, meinte sie scherzhaft und massierte sanft seine Schultern. Unter ihrer Berührung entspannte er sich ein wenig und spürte, wie sich ein vertrautes Verlangen nach ihr meldete. Vielleicht fühlte sie es ebenfalls, denn ihre Hände kamen abrupt zum Stillstand. »Hast du was aus dem Büro gehört?«, fragte sie und nahm ihm gegenüber am Tisch Platz.

»Ich habe denen gesagt, sie sollen mich nur im Notfall kontaktieren, womit ich den Weltuntergang meine – nein, ich habe nichts gehört.« Florrie, die seit zwanzig Jahren seine loyale Sekretärin war, leistete wie immer gute Arbeit und fing alle Mails und Anrufe ab. Bestimmt war das nicht leicht für sie, aber Herman hatte keinerlei Sehnsucht nach seinem Büro und auch nicht danach, mit jemandem dort Kontakt aufzunehmen. Das überraschte ihn und freute ihn auch, denn es war doch eine weitere Bestätigung dafür, dass es die richtige Entscheidung gewesen war, eine Auszeit zu nehmen.

»Wenn man das hier hört, könnte man leicht glauben, dass der Weltuntergang bevorsteht«, meinte Amber mit einem Kopfnicken zu dem kleinen Fernseher in der Küche, auf dem CNN lief. »Vielleicht solltest du wenigstens kurz nachfragen, ob alles in Ordnung ist.«

»Die würden schon anrufen, wenn es nicht so wäre. Wenn ich nicht da bin, ist Jeffrey viel kompetenter.«

»Aber Jeffrey ist längst nicht so kompetent wie du. Er braucht deine Entschlossenheit, deinen Verstand.«

»Das möchte ich eigentlich nicht hören, wo ich ihm doch meine Organisation zu treuen Händen anvertraut habe, Schatz.« Das Wort »Schatz« fühlte sich in seinem Mund an wie Schmirgelpapier, und er trank schnell einen Schluck Kaffee.

Sie zuckte die Achseln. »Seit wir hier sind, ist dein Handy ausgeschaltet, du hast deine Mails nicht gecheckt, und ich weiß, dass du niemandem unsere Adresse hier gegeben hast. Wie soll Jeffrey dich denn erreichen, wenn er deine Hilfe braucht?«, fragte Amber und holte ihre Handtasche.

Herman nahm die Fernbedienung und stellte den Fernseher aus. Einen Moment herrschte Totenstille.

»Hast du deine Mutter angerufen?«

»Nein.«

»Warum nicht?«

»Hab ich vergessen.«

»Du musst sie anrufen.«

Er schaute sie an. »Warum? Gibt es irgendetwas, was ich wissen muss?«

Sie zog einen Stuhl heraus und setzte sich ihm gegenüber. »Es sieht nicht gut aus.«

»Vor ein paar Tagen hat es auch nicht gut ausgesehen – was hat sich also verändert?«

»Der Krebs hat auf die Bauchspeicheldrüse übergegriffen.«

Herman verdaute die Nachricht. Dachte an seinen sozial unbeholfenen Vater, den Landmenschen, eingesperrt in einer Privatklinik in der City, unter der Fuchtel von einem Trupp elitärer Besserwisser, die ihn piesackten und ihm Dinge erzählten, die er nicht verstand.

»Deine Mutter hat Schwierigkeiten, die ganzen Informationen zu verstehen, die sie ihr an den Kopf werfen. Sie wird allmählich … panisch.«

Seine Mutter, die sich so hingebungsvoll für andere aufopferte, immer nur gab und niemals nahm oder gar eine Gegenleistung einforderte. Schon daran zu denken war ihr peinlich.

»Aber die Mädels sind ja bei ihr«, argumentierte Herman, obwohl er das nicht wirklich wusste und die Bemerkung eigentlich mehr als Frage meinte.

»Anna Bell kümmert sich.«

»Anna Bell wird den Krebs wahrscheinlich in die Flucht schlagen.«

Aber Amber lachte nicht. »Sie hat gesagt, sie hat dich jeden Tag angerufen, mehrmals.«

»Ich hab mein Handy nicht angestellt, das hast du ja selbst gerade bemerkt. Und auch Anna Bell muss irgendwann mal das Prinzip der Zeitverschiebung begreifen. Es ist sinnlos, mich um vier Uhr morgens anzurufen, und was soll ich von hier aus denn tun? Du weißt doch, wie sie ist. Sie denkt, Amerika ist die ganze Welt.«

»Ich glaube, sie hätten dich einfach nur gern in der Nähe, weiter nichts. Sie verlangen nicht von dir, dass du ein Wunder vollbringst.«

»Tja, ich kann jetzt aber nicht. Wir sind erst seit einer Woche hier.«

Amber stand auf, schob den Stuhl ordentlich wieder unter den Tisch, und ihre präzisen Bewegungen gingen Herman plötzlich furchtbar auf die Nerven.

»Soll ich etwas für dich einkaufen?«

»Nein«, brummte er, aber als sie gerade die Tür hinter sich zumachen wollte, rief er: »Kaffee und Schreibpapier!«

»Das ist ein gutes Zeichen«, stellte sie erfreut fest, und auf einmal änderte sich ihre Laune. »Hast du das Heft etwa schon vollgeschrieben?«

Er nickte.

Er hatte das Papier tatsächlich verbraucht: Es lag zu kleinen Bällchen zerknäult im Papierkorb neben dem Schreibtisch, und nicht einmal das erste Kapitel war fertig.

VI

Erst um acht Uhr abends kam sie wieder nach Hause, beschwingten Schrittes, mit leuchtenden Augen. Herman hörte sie beim Auspacken der Einkaufstüten vor sich hin summen. Gegen neun kam sie die Treppe herauf, und als sie ins Zimmer trat, stieg ihm der Geruch von frischem Kaffee und ihrem Chanel N° 5 in die Nase.

»Dachte ich's mir doch, dass ich dich hier finde«, sagte sie und stellte den Kaffeebecher auf den neuen Untersetzer, den sie gekauft hatte. Dann setzte sie sich in den Sessel neben ihn.

»Anscheinend hast du das Dorf also gefunden.«

»Ja, das hab ich, aber ich bin einfach durchgefahren. Da gab es weiter nichts als eine Post, eine Kirche und einen Pub. Also bin ich weiter nach Bath – eine hinreißende Stadt, Liebling, du solltest sie dir unbedingt ansehen. Ich hab mir sogar ein Paar Schuhe gekauft.«

Er lächelte. »Freut mich, dass bei dir wieder alles normal läuft.«

»Bei mir?«, fragte sie, offensichtlich verwundert. »Glaubst du, *ich* bin … na, ist ja egal. Wie geht es mit dem Schreiben vorwärts?«

»Hm.« Er nickte.

»Darf ich es mal lesen?«

»O nein. Nein. Es ist noch nicht fertig.«

»Wann kann ich es denn wohl lesen? Ich sag auch bestimmt nichts Blödes, was du nicht hören willst. Keine Kritik, es sei denn, du möchtest es. Ich gebe dir einfach ein bisschen Feedback, ich mache keine Änderungsvorschläge oder solchen Kram, ich sag dir höchstens, was ich mochte und was nicht … falls du Wert darauf legst. Aber hauptsächlich möchte ich es gern lesen. Ich möchte so gern zu deiner geheimen Welt gehören. Ich fühle mich so ausgeschlossen.«

Da war es wieder. Sie fühlte sich isoliert. Allein. Ausgeschlossen. Dauernd dieses Psychogebrabbel.

Da er nicht antwortete, redete sie weiter. »Wie viel hast du denn schon geschrieben?«

»Mmmm.« Er tat so, als würde er nachdenken. In Wahrheit hatte er kein Wort geschrieben.

»Ich will dich ja nicht hetzen oder so, ich dachte nur, es wäre schön zu wissen, wann wir wieder nach Hause fahren … so ungefähr? Hast du irgendeine Vorstellung?« Sie versuchte, einen leichten, beiläufigen Ton anzuschlagen und unterstützende Fragen zu stellen, aber Herman hörte trotzdem, was sie wirklich meinte.

»Ich gebe es dir zu lesen, sobald es fertig ist«, war alles, was ihm zu sagen einfiel.

Sie schenkte ihm ein mattes Lächeln. »Danke. Meinst du …« Sie zupfte an ihrem Rock herum, nahm einen losen Faden ins Visier und zerrte daran herum. »Wenn du fertig bist, gehen wir doch zurück nach New York, ja? Ich hab immer angenommen, dass das der Plan ist, ich frage mich nur, wie … sehr es dich hier hält.«

»Mir gefällt es hier«, antwortete er schlicht. Damit meinte er, dass es ihm in diesem Haus, auf seinem Stuhl, in seinem Schreibzimmer gefiel, dass er gern auf die grünen Wiesen hinausblickte, ohne dort jedoch spazieren gehen oder sonst etwas machen zu wollen. »Das ist alles, was ich weiß.«

»Gut«, erwiderte sie lächelnd, obwohl das Lächeln ihre Augen wieder einmal nicht erreichte und im Handumdrehen erlosch. Seltsamerweise verstärkte ihre Reaktion in Herman den Wunsch, möglichst lange in diesem Haus zu bleiben – wodurch er sich selbst noch mehr hasste. »Ich hab dir auch das Notizheft mitgebracht«, sagte Amber und wühlte in einer Einkaufstüte. »Zur Sicherheit habe ich gleich zwei gekauft, du arbeitest ja so schnell.«

»Danke.«

»Und dann hab ich noch eine Kleinigkeit für dich. Eigentlich hab ich sie schon in New York gekauft, hatte aber keine Zeit mehr, etwas eingravieren zu lassen. Hattie hat sich letzte Woche darum gekümmert, und heute Morgen hab ich einen Anruf bekommen, dass alles fertig ist und abgeholt werden kann. Ich kann es immer noch nicht fassen, dass ich mich getraut habe, auf diesen schmalen Sträßchen rumzufahren. Aber egal – das hier ist für dich.«

Herman konnte sich überhaupt nicht auf das Geschenk konzentrieren, weil er ständig an Amber am Telefon dachte und nun hundertprozentig wusste, dass sie ihn angelogen hatte. Selbst wenn sie es ihm zuliebe getan hatte, musste ihr doch klar sein, dass es zwischen ihnen keine Geheimnisse mehr geben durfte.

Amber stellte eine Schachtel vor ihn auf den Tisch, und als er sie nur anstarrte, öffnete sie schließlich selbst den Deckel und holte eine Uhr heraus. Eine Rolex. Eine, die er einmal in einer Zeitschrift bewundert hatte. Amber drehte sie um und zeigte ihm die Gravur.

H. Mein Künstler.
In ewiger Liebe, A. xx

Plötzlich wurde er von seinen Gefühlen übermannt, aber er sagte nichts, denn er hatte einen dicken Kloß im Hals und wollte nicht, dass Amber etwas davon merkte. Deshalb nickte er nur kurz zum Dank, legte die Uhr dann in die große verschließbare Box zurück und klappte den Deckel zu. Amber war von seiner Reaktion so schockiert und verletzt, dass sie erst eine Weile stocksteif auf ihrem Stuhl saß und dann schweigend das Zimmer verließ. Sobald die Tür hinter ihr ins Schloss gefallen war, verfluchte Herman sich, weil er so lieblos gewesen war, aber er konnte einfach nicht anders, er war zu wütend. Die Wut wollte einfach nicht weggehen, im Gegenteil, manchmal hatte er sogar das Gefühl, dass sie stärker wurde. Er konnte diese Uhr nicht tragen, denn jedes Mal, wenn er daraufschaute, würde er daran denken müssen, was Amber getan hatte und warum sie ihm dieses Geschenk gemacht hatte, und außerdem ertrug er den Gedanken nicht, dass ihr »Künstler« noch keine einzige Zeile seines Projekts zu Papier gebracht hatte.

Angeheizt von all diesen Gefühlen, und vor allem darauf bedacht zu beweisen, dass er nicht so wertlos war, wie er sich durch das Geschenk fühlte, nahm er das Notizbuch, das sie ihm mitgebracht hatte, und schrieb alles über die Geschichte auf, was ihm in den Sinn kam. Er skizzierte die Figur des Edwin Grey – sechsunddreißig Jahre alt, in Wohlstand geboren. Außerdem notierte er sich alle möglichen Fragen, zum Beispiel, wen dieser Edwin ermordet hatte und warum. Das zu entscheiden fiel ihm immens schwer, denn er wollte zwar einen Protagonisten erschaffen, der sich eine Gewalttat zuschulden kommen ließ, dafür bestraft wurde und Bilanz über sein Leben ziehen musste, aber gleichzeitig legte er Wert darauf, dass er als Autor und auch seine zukünftigen Leser Mitgefühl für ihn aufbringen und das Verbrechen nachempfinden konnten. Letztlich wollte er sie sogar dazu anregen, sich zu überlegen, ob sie womöglich selbst zu so etwas fähig wären. Edwin musste menschlich dargestellt werden, nicht als Monster, auch wenn sein Verhalten als solches verabscheuungswürdig war.

All das brachte Herman nun zu Papier, und zum ersten Mal hatte er das Gefühl, einen Schritt weitergekommen zu sein. Um Mitternacht hatte er nicht nur das aufgeschrieben, was er wusste, sondern – wichtiger noch – auch das, was noch zu klären war. Als er den Stift weglegte und die Schreibtischlampe ausschaltete, fühlte er sich zum ersten Mal seit seiner Ankunft wirklich zufrieden.

So stieg er ohne einen einzigen Gedanken an ihren früheren Zusammenstoß zu Amber ins Bett und kuschelte sich dicht an sie, um sie spüren zu lassen, dass er Sehnsucht nach ihr hatte. Sie wachte auf und drehte sich zu ihm um.

»Wie spät ist es?«, fragte sie schlaftrunken.

»Mitternacht«, antwortete er und ließ die Hand unter ihr T-Shirt gleiten, das sie im Bett immer trug, obwohl die Zentralheizung inzwischen funktionierte und sie sich zusätzlich noch eine Heizdecke und ein Heizgerät angeschafft hatten.

»Hast du deine Mutter angerufen?«, fragte sie und wandte den Kopf, während er ihren Hals küsste und ihren Slip über ihre Schenkel nach unten schob.

»Nein«, murmelte er.

»Anna Bell?«

Er ignorierte die Frage.

»Herman?«

Er hielt inne. »Nein. Okay?« Dann machte er dort weiter, wo er aufgehört hatte.

»Herman«, sagte sie wieder, und jetzt entzog sie sich ihm, hielt ihren Slip am Knie fest und zog ihn wieder hoch.

Er stöhnte frustriert und rollte sich auf den Rücken.

»Ich ruf sie nachher an, okay?«

»Nein, das ist überhaupt nicht okay. Jeden Abend erfindest du eine neue Ausrede, und heute hat dein Vater die Untersuchungsergebnisse bekommen. Heute war wichtig. Ich hab versprochen, dass du anrufst.«

Wieder stöhnte er, warf die Decke zurück und ging nach unten zum Festnetztelefon, weil er sein iPhone nicht anschalten wollte. Seine Schwester Anna Bell – Familienoberhaupt, Fels in der Brandung und Schaltzentrale der Familie Banks – meldete sich schluchzend. Herman seufzte und ließ sich auf dem Sofa nieder.

»Was hat sie gesagt?«, fragte Amber, als Herman wieder ins Schlafzimmer kam. Sie saß im Bett und hatte die

Nachttischlampe angeknipst. Ihre Haare waren gebürstet, und Herman roch Creme auf ihrer Haut. Auch im Bad brannte Licht.

Er kroch zurück zu ihr ins Bett, setzte sich hin, und sie stopfte ihm ein paar Kissen in den Rücken.

»Die Ärzte sagen, sie können nichts mehr für ihn tun. Sie wollen dafür sorgen, dass er möglichst keine Schmerzen hat und in Ruhe heimgehen kann.«

Ambers Augen füllten sich mit Tränen. »O Herman, das tut mir so leid.«

Herman schwieg.

»Wie lange hat er noch?«

Er zuckte die Achseln. »Ein paar Wochen. Höchstens.«

»Was ist mit deiner Mutter?«, fragte sie und wischte sich die Augen trocken. »Wie geht es ihr?«

»Ich hab nicht mit ihr gesprochen. Anna Bell ist total aufgelöst, und die anderen natürlich auch. Wo Hank sich rumtreibt, weiß keiner, er ist unauffindbar. Aber das ist ja auch nichts Neues.«

»Weiß er Bescheid?«

»Hank?«

»Nein, dein Dad.«

»Inzwischen bestimmt.« Herman sah Amber an. Sie war so schön, und er sehnte sich so nach ihr. Wenn es doch nur wieder so werden könnte wie früher. Er griff nach ihrer Hand. Sie drückte kurz die seine, ließ sie aber gleich wieder los und stand auf.

»Dann buche ich jetzt den Flug.«

»Was denn für einen Flug?«

Sie stutzte. »Nach Hause.«

»Ich hab nicht gesagt, dass ich nach Hause will.«

»Aber Herman, dein Vater – er stirbt. Du kannst nicht einfach hierbleiben.«

»Aber was soll ich denn tun? Nach Hause fliegen und ein Wunder vollbringen? Ich bin machtlos. Mein Dad will mich nicht sehen. Schon wenn er eine Erkältung hat, mag er keine Leute um sich haben. Außerdem schreibe ich gerade an einem Buch, Amber, auch wenn du das vielleicht nicht wichtig findest. Ich hab alles aufgegeben …«

»Du schreibst doch überhaupt nicht«, schrie sie ihn plötzlich an. »Es gibt gar kein Buch! Ich war oben und habe es mir angesehen, und da steht nichts, Herman! Gar nichts!«

»Wie kannst du es wagen, ohne meine Erlaubnis meine Sachen anzuschauen?«, brüllte er zurück und stand ebenfalls auf.

»Darum geht es doch gar nicht«, kreischte sie mit schriller Stimme, ihre Augen funkelten, sie gestikulierte wild, und ihre Haare flogen. »Du hast es selbst gesagt – du hast alles aufgegeben für diese sinnlose Unternehmung, damit du leben kannst wie ein Verrückter, der sich nicht anzieht und nicht wäscht und nie an die frische Luft geht. Dein Vater liegt im *Sterben*, Herman, er braucht dich. Deine Firma, die Welt, alles bricht zusammen, man braucht dich!«

»Meine Firma hat als eine der wenigen weltweit immer noch Profite zu verzeichnen …«, begann er zu predigen, kam aber nicht weiter.

»Und was ist mit mir?«, fiel Amber ihm ins Wort. »Du hast gemeint, die Reise wäre gut für uns. Ich bin den ganzen Tag allein, ich habe nichts zu tun, du würdigst mich kaum eines Blickes, und du berührst mich nur, wenn du nachts ins Bett kriechst wie ein schmieriger alter … Grapscher.« Sie brach ab. Wieder klang ihre Stimme ganz untypisch schrill, und ihre Brust hob und senkte sich so heftig, als wäre sie gerade einen Marathon gelaufen. Doch dann, während sich ihr Herzschlag allmählich wieder beruhigte, wurde ihr klar, was sie gesagt hatte, und ihre Augen weiteten sich vor Entsetzen. »Herman, ich …«

Aber er rannte wortlos an ihr vorbei und knallte die Tür hinter sich zu. In dieser Nacht blieb er im Gästezimmer, tat jedoch kein Auge zu. Er war hellwach, und in seinen Gedanken tummelte sich nicht etwa das, was seine Frau gesagt hatte, sondern auf einmal war sein Roman in seinem Kopf lebendig geworden.

Die Hauptperson, Edwin, würde aus dem Gefängnis nach Hause kommen und entdecken, dass sein Vater in seiner Abwesenheit gestorben war. Und er würde sich niemals mit ihm versöhnen, niemals von seiner Tat reinwaschen können.

VII

Anscheinend war Herman doch eingeschlafen, denn er wachte auf, driftete aus dem Schlaf in die Gegenwart hinüber. Seine Umgebung erschien ihm fremd, und es dauerte einen Moment, bis er sich erinnerte, wo er war.

Er verzichtete auf sein Morgenritual mit dem Kaffee-Abstecher in die Küche und ging direkt ins Schreibzimmer. Er war voller Ideen, die sich in der Nacht entwickelt hatten, die Worte explodierten fast in seinem Kopf und wollten aufgeschrieben werden. Amber werkelte unten herum, allerdings mit mehr Hingabe als sonst, und er hörte, dass sie hohe Schuhe oder Stiefel trug, etwas Förmlicheres jedenfalls als die Slipper, die sie sonst im Haus anhatte. Vermutlich hatte sie vor, irgendwohin zu fahren. Vielleicht zum Flughafen. Er wurde wütend; allein die Vorstellung, dass sie allein in New York war, wo dieser Parasit lauerte! Erhitzt, energiegeladen und mit dem Plan, die Uhr, die sie ihm geschenkt hatte, aus dem Fenster zu werfen, betrat er sein Schreibzimmer. Aber die Uhr war nicht da. Er stürmte hinaus auf den Treppenabsatz und brüllte nach unten: »Oh, wie erwachsen von dir, Amber, echt beeindruckend.«

Schritte näherten sich dem Fuß der Treppe, und mit schmaler Stimme fragte sie: »Was ist erwachsen?«

Sie stand unten an der Treppe, und er hatte sich nicht geirrt – sie war geschminkt und elegant gekleidet.

»Na, machst du dich mal wieder auf?«, rief er ironisch und begann, auf dem Treppenabsatz auf und ab zu gehen. »Vielleicht hatten meine Bekannten doch recht mit dir. Nimm ruhig alles mit, was du tragen kannst, denn zu Hause kriegst du nichts mehr von mir, das verspreche ich dir.«

»Herman, was in aller Welt redest du denn da?«

»Die Uhr, Amber! Das blöde Geschenk, das du mir gestern so nett überreicht und heute wieder zurückgenommen hast. Übrigens genau wie unser Eheversprechen, fällt mir dabei ein«, fügte er mit einem bitteren Lachen hinzu.

»Ich hab die Uhr nicht genommen«, entgegnete sie leise. Jetzt klang ihre Stimme, als wäre sie ganz in der Nähe, aber er konnte sie nicht sehen, und einen Moment lang glaubte er, sie wollte ihn zum Narren halten. Hektisch suchten seine Augen die geschwungene Treppe ab, bis Amber endlich auf dem Absatz unter ihm auftauchte. Dort blieb sie stehen, blickte stumm zu ihm hoch, ihr hübsches, ängstliches, besorgtes Gesicht zu ihm emporgewandt. Sofort verpuffte seine Wut und verwandelte sich in Selbsthass.

»Ich hab dir die Uhr nicht weggenommen, Herman. So etwas würde ich niemals tun. Sie war doch ein Geschenk.«

Schweigen.

»Na ja, dann muss ich mich wohl entschuldigen.«

»Ich möchte nichts von dir, weißt du, das wollte ich noch nie. Ich möchte nur dich. Schon immer.« Ihre Stimme brach, und er wollte zu ihr gehen, fühlte sich aber zu ekelhaft. Auf einmal konnte er sich riechen, fühlte seine verschwitzten Achselhöhlen, seine ungewaschenen Haare, die plötzlich zu jucken begannen. Also blieb er lieber, wo er war.

»Tja, aber wir wissen doch beide, dass das nicht stimmt, oder?«

Sie seufzte und machte sich darauf gefasst, die immer gleiche Diskussion noch einmal zu führen, aber sie hätte sich keine Sorgen zu machen brauchen, denn Herman war schon bei einem anderen Thema.

»Ich glaube, wir sollten diese Frau anrufen. Hast du ihre Nummer?«, fragte er.

»Hattie. Ja, ich … aber … warum?«

»Weil anscheinend jemand hier eingebrochen ist und diese Frau uns bestimmt sagen kann, an wen wir uns wenden müssen.« Er blickte in sein Schreibzimmer und durchs Fenster auf die sanften Hügel hinaus. Wenn Amber die Uhr doch an sich genommen hatte, wäre das Einschalten der Polizei eine reelle Möglichkeit, sie zu überführen, und wenn nicht, dann mussten sie die Sicherheitsvorkehrungen im Haus verbessern. Amber sah ihn unsicher an, dann nickte sie entschieden – vielleicht war sie nicht in der Stimmung für eine weitere Auseinandersetzung. Langsam ging sie die Treppe wieder hinunter, um Hatties Nummer zu holen, während Herman noch einmal auf seinem Schreibtisch nachsah. Aber die Uhr blieb verschwunden. Jemand hatte sie weggenommen.

Herman duschte und zog sich an, beschloss aber, den Bart zu behalten, denn er hätte schon immer gern einen getragen, aber hatte das Gefühl gehabt, dass so etwas nicht zu einem respektablen Geschäftsmann passte. Jetzt war die Gelegenheit, den üblichen Rahmen zu sprengen. Als er schließlich hinunterging, hörte er Amber wieder am Telefon sprechen, mit gedämpfter Stimme, und seine Nackenhaare sträubten sich. Genau so hatte er sie schon einmal ertappt, und sie hatte ihn angelogen und behauptet, sie hätte mit ihrer Mutter telefoniert. Die Tatsache, dass sie einen Anruf von dem Juwelier entgegengenommen hatte, der sie über die fertige Gravur informierte, tröstete ihn nicht im Geringsten – Amber hatte ihn angelogen, basta. Jetzt war ihre Stimme fast ein Flüstern, und dafür gab es nur einen einzigen Grund, nämlich, dass sie nicht von ihm belauscht werden wollte. Er schlich sich von hinten an sie heran, packte ihre Hand, die das Telefon hielt, und sie erschrak so, dass sie es sofort losließ. Herman fing es geschickt auf und hielt es ans Ohr, ohne den Griff um ihr Handgelenk zu lockern, der – das sah er nur allzu deutlich an ihrem schmerzverzerrten Gesicht und an der Art, wie sie sich krümmte – viel zu fest und geradezu brutal war.

»Hallo«, rief er mit drohender Stimme in den Apparat und staunte selbst, dass er so viel ruhiger klang, als er sich fühlte. In seiner Brust klopfte das Herz wie verrückt, sein Kopf war heiß, während seine Frau sich weiterhin aus seinem handschellenartigen Klammergriff zu befreien versuchte.

Am anderen Ende der Leitung herrschte Schweigen.

»Hab ich dich erwischt, was?«, rief er triumphierend.

»Äh, hallo?«, antwortete eine Frauenstimme. »Wer sind Sie denn? Ist die Leitung gestört? Mit wem spreche ich, bitte?« Es war Hattie.

Völlig verdutzt lockerte Herman seinen Griff. Amber war frei und begann, ihr Handgelenk zu massieren. Herman wusste nicht, was er sagen sollte – er war so *sicher* gewesen!

»Hier ist Herman Banks«, meldete er sich in selbstbewusstem Ton, ohne zu wissen, wie er das schaffte. »Ich dachte, Amber spricht mit jemandem von zu Hause, und wollte einen Scherz machen. Entschuldigen Sie bitte. Dann hat Sie Ihnen also schon von unserem Problem erzählt?«

»Das mit der Uhr?«

»Ja.«

»Aber sicher, wir haben gerade darüber gesprochen ...«

»Können Sie uns denn bitte jemanden mit entsprechenden Befugnissen bei der Polizei empfehlen?«

»Ja, ich kenne tatsächlich jemanden bei der Polizei, direkt aus der Nähe. Ich schicke Ihnen umgehend jemanden rüber.«

»Gut. Danke.«

Als Herman auflegte, kam Amber mit rot geränderten Augen aus der Toilette. Die Finger der malträtierten Hand hingen schlaff herunter, sie hielt das Gelenk noch immer umfasst. Auf Herman wirkte sie fast geisterhaft.

Er dachte an alle möglichen Entschuldigungen, die er vorbringen konnte – vorbringen musste! –, aber dann fielen ihm wieder seine Eifersucht ein, seine Paranoia und natürlich der Grund dafür. Es war alles Ambers Schuld, sie hatte ihn dazu gebracht, sich so zu benehmen. Was sie getan hatte, war der Grund für sein unangemessenes Verhalten, damit musste sie leben, sie musste mit den Konsequenzen ihres Betrugs fertigwerden, musste die Suppe auslöffeln, die sie sich selbst eingebrockt hatte.

»Sie gibt gleich jemandem Bescheid«, sagte er deshalb nur und legte ihr Handy auf den Küchentisch.

»Bist du sicher, dass das eine gute Idee ist?«, fragte Amber, und ihre Stimme war leise und heiser.

»Warum denn nicht?«, fragte er verwirrt.

»Findest du es nicht ungewöhnlich, dass jemand bei uns eingebrochen ist und nur deine Uhr mitgenommen hat? Dass der Eindringling all die anderen Sachen, die er hätte mitnehmen können – Plasmafernseher, Bilder, Schmuck –, nicht beachtet hat und stattdessen zwei Stockwerke zu deinem Schreibzimmer hinaufgestiegen ist, nur um eine einzige Uhr zu stehlen? Eine Uhr, die ich dir gerade erst geschenkt habe? Eine Uhr, die du nicht mal haben wolltest? Findest du das nicht seltsam, Herman?«

Es gefiel ihm nicht, wie sie ihn anschaute, wie sie mit ihm redete.

»Amber, mir gefällt dein Ton nicht«, sagte er warnend. »Es gefällt mir nicht, was du damit andeuten wi…«

»Ich hab keine Ahnung«, fiel sie ihm ins Wort. »Ich kenne mich überhaupt gar nicht mehr aus mit dir!«

In diesem Augenblick klingelte es lang und schrill an der Tür. Der Ton brachte sie zum Schweigen, und auf einmal wurde Herman bewusst, dass sie sich angeschrien hatten. Amber rannte zurück zur Toilette, Herman öffnete die Tür, und ein kalter Wind fuhr ihm ins Gesicht.

Eine Frau Anfang vierzig, hochschwanger unter einer wattierten North Face-Jacke, mit roter Nase und roten Ohren, starrte ihm entgegen.

»Kann ich Ihnen helfen?«

»Ich hoffe sehr, dass ich Ihnen helfen kann«, sagte die Frau lächelnd, zog die Hände aus der Tasche und hauchte sie an.

»Wir kaufen nichts«, blaffte Herman und wollte die Tür schließen.

»Oh, das Gesetz hat keinen Preis, Mr Banks«, sagte die Frau munter, und er machte die Tür wieder auf.

»Wie bitte?«

Sie streckte ihm die Hand hin. »Detective Chief Inspector Barrie. Hattie Brown hat mich angerufen, sie sagt, bei Ihnen ist eingebrochen worden. Mein Sergeant stellt gerade nur noch den Wagen ab. Er muss dringend das Rückwärtseinparken üben.« Sie deutete mit dem Daumen über ihre linke Schulter, und jetzt erst bemerkte Herman das Auto und den jungen Mann im Anzug, der gerade ausstieg.

»Oh. Kommen Sie rein«, sagte er, schüttelte die ausgestreckte Hand und trat beiseite, um Platz für die Polizistin und ihren Kollegen zu machen. Der rannte die letzten Schritte zum Haus und nickte Herman wortlos zu, als er über die Schwelle trat.

»Schönes Haus«, bemerkte DCI Barrie und schaute sich um. »Ich habe es noch nie von innen gesehen, nicht mal als Museum. Ich lese nicht viel und schaffe mit Müh und Not die Polizeiberichte – es gibt doch nichts Schöneres zum Einschlafen als einen hübschen Obduktionsbericht, stimmt's, Maxwell?« Sie lachte leise und wandte sich an den Sergeant. »Aber ich glaube, jetzt ist das Haus in wesentlich besserem Zustand als je zuvor. Oh, entschuldigen Sie, Sie kennen sich ja noch gar nicht. Mr Banks, das ist Maxwell. Er macht ein Praktikum und folgt mir auf Schritt und Tritt, um herauszufinden, ob er wirklich Polizist werden möchte.«

»Ich bin Detective Sergeant Jones«, stellte der junge Mann sich vor, hielt Herman die Hand hin und reagierte nicht auf ihre Witzelei.

»Bitte folgen Sie mir«, forderte Herman die beiden auf. Er fühlte sich überrumpelt, war nicht darauf vorbereitet gewesen, dass die Polizei so schnell eintreffen würde, und fragte sich, ob die beiden den Streit mit Amber gehört hatten. Die Frau vermutlich schon, denn sie hatte direkt vor der Tür gestanden. Aber falls es so war, ließ sie sich nichts davon anmerken.

Er führte die beiden Besucher in den Salon und forderte sie auf, Platz zu nehmen, aber DCI Barrie wanderte ungeniert weiter im Zimmer umher, nahm hier und dort etwas in die Hand, machte Herman Komplimente wegen seines guten Geschmacks und spekulierte über den Wert einiger Gegenstände.

Kurz darauf gesellte sich Amber zu ihnen, und Herman sah, dass sie alles daransetzte, sich nicht anmerken zu lassen, dass sie geweint hatte.

»Hallo«, sagte sie leise und schaute vom einen zum anderen.

»Ah, Sie sind bestimmt die Herrin des Hauses. Ich bin DCI Barrie«, begrüßte die Polizistin sie.

Sie schüttelte Amber die Hand, aber Amber zuckte zurück und griff sich wieder ans Handgelenk. »*DCI …?*« Verwirrt sah sie Herman an.

»Oh, Sie sind Amerikanerin«, lachte die Polizistin. »DCI

steht für Detective Chief Inspektor, und das hier ist Maxwell, mein Gehilfe.«

»DS Jones«, stellte der junge Mann sich sachlich vor und gab Amber ebenfalls die Hand. »Sergeant Jones.«

»Oh. Detective Chief Inspector«, wiederholte Amber mit großen Augen.

»Ich weiß, Sie haben sicher keine Frau erwartet, richtig? Es gibt ja auch nur eine Handvoll von uns, und es ist uns eine Ehre, dass Helen Mirren uns in *Heißer Verdacht* repräsentiert. Wenn auch nicht ganz realistisch, denn das letzte Mal, als ich Oberschenkel hatte wie sie, da war ich in der Ausbildung, aber eines Tages wird dieser junge Mann hier mich ja ablösen.« Sie wuschelte Maxwells Haare. »Eines Tages wird das alles dir gehören, Max.«

»Sind Sie nicht sehr … sehr hochrangig für diese Geschichte? Ich meine, vielleicht ist jemand hier eingebrochen, aber ermitteln Sie nicht normalerweise in anderen Fällen, Fällen wie …«

»Mord? Ja, schon.« Sie lachte. »Aber ich dachte, es wäre eine gute Gelegenheit, unsere neuen Nachbarn kennenzulernen, mich vorzustellen und Ihnen meine Karte zu geben.« Sie kramte in ihren Taschen und brachte einen Schnuller, einen einzelnen Handschuh und eine Visitenkarte zum Vorschein. »Da ist sie ja«, verkündete sie, klaubte einen Lutscherstiel von der Karte und überreichte sie Amber.

»Wir waren gerade in der Gegend«, erklärte Maxwell. »Meine Kollegin hatte heute früh einen Termin beim Frauenarzt. Die Praxis ist ein Stück die Straße runter, und ich musste sie fahren.«

DCI Barrie verzog indigniert den Mund angesichts des indiskreten Kommentars ihres Kollegen, fing dann aber an, sich aus ihrer Jacke zu schälen. Jetzt erst bemerkte Amber ihren dicken Bauch.

Ihre Augen wurden groß. »Herzlichen Glückwunsch.«

»Ach«, wehrte Barrie mit einer wegwerfenden Handbewegung ab. »Nach dem dritten hört man auf zu feiern.«

»Sie haben schon drei Kinder?«

»Nein, ich habe fünf.«

»Meine Güte, wie schaffen Sie das bloß?«

»Ist ganz einfach. Ich bin eine tolle Polizistin und eine schauderhafte Mutter«, erklärte sie grinsend. »Pech für meine Kinder, aber gut für Sie. Also. Was können wir für Sie tun?«, wandte sie sich dann wieder an Herman. »Ihre Frau meint also, bei Ihnen ist *möglicherweise* jemand eingebrochen?«

Herman warf Amber, die immer noch ihr Handgelenk massierte, einen genervten Blick zu. »Na ja, meine Frau irrt sich – natürlich ist jemand bei uns eingebrochen. Anders wäre es nicht zu erklären, dass meine Uhr verschwunden ist.«

»Okay.« DCI Barrie sah Amber an, während sie Herman Fragen stellte, und Herman betete zu Gott, dass Amber endlich aufhörte, ihr Handgelenk zu reiben, und etwas munterer wurde. »Wo war die Uhr denn?«

»Im zweiten Stock in meinem Schreibzimmer.«

»In Ihrem Schreibzimmer?« Das Gesicht der Polizistin begann zu strahlen. »Ich wusste ja gar nicht, dass Sie schreiben, Mr Banks. Exklusivinformation, Maxwell, schreib das auf.« Sie stieß ihren Partner an.

Er nickte, schien aber wenig beeindruckt zu sein.

»Ja, ich bin hierhergezogen, das heißt natürlich, *wir* sind hierhergezogen, damit ich Zeit habe, den Roman zu schreiben, den ich schon immer schreiben wollte«, erklärte Herman ein bisschen verlegen.

»Das ist ja wunderbar«, rief DCI Barrie. »Ich wünschte, mein Mann würde sich auch mal die Zeit nehmen, all das zu tun, was er schon immer tun wollte. Andererseits könnte das natürlich ins Auge gehen, denn dann würde er mich höchstwahrscheinlich verlassen. Also – was ist es denn für eine Uhr?«

»Eine Rolex. Ein Geschenk von meiner Frau, in einer verschließbaren schwarzen Schweinslederbox. Sie war über hunderttausend Dollar wert.«

DCI Barrie stieß einen leisen Pfiff aus. »Das ist eine Menge Schotter, stimmt's, Maxwell? Wie viel wäre das in Pfund …« Sie sah an die Decke und begann im Kopf zu rechnen.

»Um die sechzigtausend«, antwortete Maxwell, ohne den Blick von seinem Notizblock zu heben.

»Ja, so ungefähr. Vielleicht so einundsechzig, zweiundsechzig?«

»Um die sechzigtausend eben«, wiederholte Maxwell gelangweilt.

»Ich kenne den aktuellen Umrechnungskurs nicht, aber Sie vielleicht schon, Mr Banks. Fahren Sie doch bitte fort.«

Herman schaute die beiden etwas verwirrt an, denn er fragte sich, ob sie das alles ernst meinten. Jedenfalls verzogen sie keine Miene. »Meine Frau hat etwas in die Uhr eingravieren lassen.« Er sah Amber an. »Was war das noch mal, Schatz?«

Sie erwiderte seinen Blick und schluckte. »›H. Mein Künstler. In ewiger Liebe, A.‹«

»*H.* – das sind dann vermutlich Sie«, stellte DCI Barrie fest und deutete auf Herman.

»Ja.«

»Und Sie sind demzufolge *A.*«

»Ja.« Amber brachte nicht mehr als ein Flüstern zustande und räusperte sich nervös.

»Und Sie sind der Künstler, weil …«

»… weil ich ein Buch schreibe«, ergänzte Herman, diesmal noch verlegener.

»Na, das ist ja wirklich nett.« DCI Barrie lächelte und blickte zwischen den beiden hin und her. »Haben Sie Überwachungskameras im Haus?«

»Nein«, antwortete Herman kopfschüttelnd.

»Das wäre aber bestimmt eine gute Idee«, meinte Barrie. »Im Allgemeinen ist Litherly eine sichere Gegend, aber ein Haus wie das hier ist natürlich eine Zielscheibe, vor allem, wenn man weiß, wer hier wohnt. Prominenz ist für Kriminelle immer eine Zielscheibe. Wohlgemerkt – von mir wird niemand etwas erfahren, meine Lippen sind versiegelt. Aber bei Maxwell bin ich mir nicht so sicher, ein paar Whiskys, und schon erzählt er alles, was man wissen möchte.« Auf Maxwells Oberschenkel gestützt, erhob sie sich mühsam. »Darf ich das sogenannte Schreibzimmer mal anschauen?«

Auf der Treppe nach oben musste sie dreimal haltmachen, um zu verschnaufen, und als sie schließlich oben war, marschierte sie schweigend in Hermans Arbeitszimmer. Dort schaute sie als Erstes aus dem Fenster. »Ziemliche Kletterei, wenn die da reingekommen sind. Aber wenn es so war, dann müssen sie geplant haben, sich genau dieses Zimmer vorzunehmen. Gibt es hier sonst noch irgendwelche Wertgegenstände?«

»Meinen Laptop, aber der ist noch da. Dann besitze ich Manuskripte von Gregory Burns und eine Erstausgabe von *Der Erlöser*«, erklärte Herman.

Barrie nickte, war aber nicht beeindruckt. »Hast du das Buch gelesen, Maxwell?«

»Ja, in der Schule.«

»Worum geht es da eigentlich?«

Ihr Partner sah sie müde an. »Ich weiß es nicht mehr.«

»Dann glaube ich dir auch nicht, dass du es gelesen hast. Mr Banks, könnte irgendjemand wissen, dass Sie das Originalexemplar besitzen?«

Herman schüttelte den Kopf. »Abgesehen von dem Mann, der es mir verkauft hat, natürlich. Andererseits wusste er nicht, wer ich bin.«

Barrie schwieg nachdenklich.

»Warum denken Sie eigentlich, dass nur *vielleicht* ein Einbrecher im Haus war, Mrs Banks?«, fragte sie dann, scheinbar ganz in die Betrachtung einer Schreibmaschine versunken, ohne sich zu Amber umzudrehen. Sie begann auf den Tasten herumzuklimpern, was Herman ärgerte. Aber er biss sich auf die Zunge.

»Oh, ähm, nur weil sonst nichts gestohlen worden ist.«

»Genau!«, rief DCI Barrie und drehte sich blitzschnell um. Sie freute sich, als wäre sie nicht selbst längst auf diese Erklärung gekommen. »Das ist ein sehr gutes Argument.

Und Sie haben unten eine sehr schöne Kunstsammlung, nicht wahr?«

»Picasso, ein paar Bilder von Damien Hirst.«

»Ja, sehr schön. Und der Plasmafernseher an der Wand ist auch nicht zu verachten. Sie haben doch bestimmt mehrere?«

»In den meisten Zimmern steht einer, ja. Und im Bad.«

DCI Barrie sog hörbar die Luft durch die Zähne. »Und was ist mit den Kronleuchtern? Sind die echt Kristall?«

»Ja.« Amber lächelte.

»Dachte ich mir. Und ich wette, Sie haben auch ein paar hübsche Schmuckstücke, Mrs Banks, ich sehe da beispielsweise einen ganz ansehnlichen Klunker an Ihrem Finger. Ich verstehe zwar nichts von Diamanten, für meine Augen könnte er auch aus einem Überraschungsei stammen, aber ich würde trotzdem meine Hand dafür ins Feuer legen, dass er echt ist.«

»Danke«, erwiderte Amber lächelnd. »Ja, Herman ist sehr großzügig.«

»Dann wundere ich mich wirklich, warum der Eindringling sonst nichts mitgenommen hat. Ja, es muss irgendwas mit diesem Zimmer hier zu tun haben.« Sie verstummte wieder und begann, diverse Schubladen aufzuziehen. »Stört es Sie, wenn ich …?«

»Nein, nein, nur zu.« Herman trat ein paar Schritte zurück und beobachtete, wie DCI Barrie eine leere Schublade nach der anderen inspizierte. Er war frustriert von dem Mangel an Fortschritten und auch von Barries unkonventionellem Befragungsstil. »Ich habe eine Theorie – darf ich?«, erkundigte er sich nach einer Weile.

»Aber selbstverständlich, gerne.« Sofort hörte die Polizistin auf zu suchen.

»Ich dachte, es wäre möglich, dass jemand meiner Frau vom Juwelierladen hierher gefolgt ist. Das war gerade gestern.«

»Ah, es war also ein ganz neues Geschenk.« Barrie wandte sich an Amber.

»Ja. Um ihm Glück fürs Schreiben zu wünschen.« Amber schlang schützend die Arme um sich. »Ich habe die Uhr in New York gekauft, aber hier gravieren lassen.«

Barrie ließ sich die Bemerkung durch den Kopf gehen. »Und gestern haben Sie sie abgeholt und hergebracht.«

»Ja, gestern Abend, gegen acht bin ich zurückgekommen. Falls mir jemand gefolgt ist, habe ich es nicht bemerkt.« Sie zupfte nervös an ihren Haaren herum. »Andererseits habe ich mich natürlich total auf die Straße konzentriert. Ich bin es nicht gewohnt, links zu fahren. Tut mir leid, ich fürchte, ich bin keine große Hilfe.« Sie sah zu Herman.

»Wenn du die Stellen, wo du gestern warst, noch mal durchgehst, könnte die Polizei vielleicht die Bänder der Überwachungskameras der betreffenden Gegend anschauen und sich erkundigen, ob jemand etwas gesehen hat«, schlug Herman vor.

Amber musterte ihn mit zusammengekniffenen Augen.

DCI Barrie schaute zwischen ihr und Herman hin und her.

»Äh. Jetzt gleich? Soll ich Ihnen alles aufzählen, wo ich war?«

»Ja, warum denn nicht«, drängte Herman.

»Ich glaube eigentlich nicht, dass das notwendig ist,

Mr Banks. Es ist schon möglich, dass jemand Ihrer Frau gefolgt ist, wie Sie es vermuten, aber wir haben im Augenblick keine Möglichkeit, das zu beweisen und herumzufragen – wo waren Sie eigentlich, Mrs Banks?«

»In Bath.«

»Ah, in Bath.« DCI Barrie lächelte. »In Bath rumzufragen, ob jemand gesehen hat, wie Ihnen jemand gefolgt ist, wäre zwar praktisch, aber es würde auch ein bisschen der Suche nach der Stecknadel im Heuhaufen ähneln. Bath ist ziemlich groß, und ich bin sicher, dass Mrs Banks sich nicht an jede einzelne Stelle erinnert, wo sie gestern gewesen ist, ganz gleich, wie sehr sie sich bemüht, denn sie war ja wohl zum ersten Mal dort und musste sich erst mal zurechtfinden. Hab ich recht, Mrs Banks?«

Amber nickte und schien ein bisschen erleichtert zu sein. »Herman und ich waren noch ziemlich lange wach. Hermans Vater liegt im Krankenhaus, und wir haben mit seiner Familie zu Hause in New York telefoniert. Erst gegen eins sind wir ins Bett gegangen, und ich war um sechs schon wieder auf, weil ich nicht schlafen konnte.«

»Dann denken Sie also, dass der Diebstahl zwischen eins und sechs passiert sein muss?«

Amber nickte und schaute wieder zu Herman.

Auch er nickte. »Das klingt einleuchtend.«

»Und wo liegt Ihr Schlafzimmer im Verhältnis zu diesem hier?«

»Wir sind im ersten Stock, direkt hier drunter«, erklärte Amber. »Obwohl …« Sie sah Herman an, fast so, als würde sie ihn um Erlaubnis bitten, aber er hatte keine Ahnung, wofür. Sie räusperte sich. »Gestern Nacht hat Herman im

Gästezimmer übernachtet, das geht nach hinten raus«, gestand sie verlegen.

»Okay, das ist ein sehr hilfreicher Hinweis«, meinte DCI Barrie und musterte die beiden. »Ich denke, wir müssen jetzt erst einmal überprüfen, ob es sonst noch irgendwelche Aktivitäten in der Gegend gegeben hat, dann können wir sehen, ob es etwas mit Ihrer verschwundenen Uhr zu tun hat. Ich würde vorschlagen, dass Sie ein Alarmsystem einbauen lassen, um weiteren Straftaten vorzubeugen oder uns gegebenenfalls wenigstens bei den Ermittlungen zu helfen. Hattie kann Ihnen bestimmt die Adresse von einem guten Sicherheitsunternehmen geben, sie arbeitet ja ständig mit denen zusammen, und wir halten Sie natürlich über unsere Fortschritte auf dem Laufenden. Wie wäre das?« Sie streckte die Hand aus.

Herman schüttelte sie zögernd.

»Darf ich bitte noch kurz Ihre Toilette benutzen, ehe ich gehe? Es würde mich nicht überraschen, wenn man mir mitteilt, dass das Baby in meiner Blase haust.«

Amber lachte leise.

»Oh, schau sich das mal einer an«, wechselte DCI Barrie dann erneut etwas abrupt das Thema. »Sie sind ja echt von der alten Schule, Mr Banks! Unglaublich, dass die alte Underwood noch funktioniert.«

»Wie bitte?« Herman sah zu der Polizistin, die an seinem Schreibtisch stehen geblieben war, und seine Nackenhaare sträubten sich.

Neben der 1930er Underwood-Maschine lag ein kleiner Stapel getippter Seiten. Herman nahm die erste in die Hand und las.

Der Erlöste

Kapitel 1

Edwin Grey stieg auf das Tretrad von Bedford Gaol, dem großen Londoner Gefängnis, um den ersten Tag seiner dreimonatigen Zwangsarbeit anzutreten. Er war zu zehn Jahren verurteilt, anfangs in Isolationshaft, wo man ihn gezwungen hatte, die Kurbel zu drehen – eine qualvolle, nutzlose Schinderei, die letztlich keinem anderen Zweck diente, als die Seele des Gefangenen zu zerstören. Die Kurbel bestand aus einem großen Griff mit einem Zählwerk und war mit einem Getriebe verbunden, das eine Schaufel wie eine Rührstange durch eine mit Kies gefüllte Trommel zog; diese musste von dem Gefangenen zehntausendmal am Tag gedreht werden. Gelegentlich zogen die Wärter die Kurbel fester, sodass es schwerer wurde, sie zu drehen. Vor dem Frühstück musste Edwin die Kurbel zweitausendmal drehen, vor dem Mittagessen dreitausendmal, erneut dreitausendmal vor dem Abendessen und dann noch zweitausendmal, um danach endlich zu Bett gehen zu dürfen. Nicht dass das Essen und das Bett die ganze Mühe wert gewesen wären, aber wenn er auf beides verzichtete, war es unmöglich zu überleben. Edwins Handgelenke waren wund gescheuert, und aufgrund von Unterernährung und Isolation – abgesehen von den Gefängniswärtern, die ihn mit Hohn und Spott überschütteten, wenn sie die Schrauben an der Kurbel anzogen, bekam er keinen Menschen zu Gesicht – litt er unter Wahnvorstellungen. Nun aber hatte er die

Phase dieser sinnlosen Quälerei hinter sich gebracht und stand in einer kleinen Zelle mit einer Tretmühle, bereit für den nächsten Abschnitt seiner Strafe. Er hörte das schwere Atmen und gelegentliche Stöhnen der anderen Gefangenen aus den Nachbarzellen, und obgleich jede Kontaktaufnahme strengstens untersagt war, würde er mit der Zeit trotzdem lernen, sich mit ihnen zu verständigen, um sporadisch Neuigkeiten aus der Welt draußen zu erhalten. Das Tretrad bestand aus einem großen hohlen Holzzylinder, der mit etwa zwanzig Zentimeter hohen Stufen ausgestattet war. Wenn man sich in dem Metallrahmen an den Handläufen rechts und links festhielt, brachte das eigene Gewicht die Mühle, deren Widerstand unterschiedlich eingestellt werden konnte, in Schwung. Edwin musste zehn Minuten treten, fünf Minuten pausieren, dann wieder zehn Minuten treten und so weiter, und diesen Ablauf drei Monate lang zehn Stunden pro Tag durchhalten. Natürlich war es wieder eine Quälerei: Anfangs rutschten die Füße ständig von den Stufen, und Edwin brauchte eine Weile, bis er den richtigen Rhythmus und sein Gleichgewicht gefunden hatte, um den Tag einigermaßen unbeschadet zu überstehen. Aber wenn er am Abend wieder in seine elende Zelle gesperrt wurde, ohne duschen zu können, wenn er sein spärliches Essen zu sich nahm, das ihn nicht wirklich nährte, und sich dabei die schmerzenden Beine und Gelenke massierte, bereute er dennoch keine Sekunde, was er getan und was ihn hierhergebracht hatte – den Mord an seiner Frau, die er geliebt und die ihn betrogen hatte.

Herman rang nach Luft und legte die Blätter beiseite.

»Alles in Ordnung, Mr Banks?«

Irritiert sah er DCI Barrie an. »Haben Sie das hierhergelegt?«

»Wie bitte? Nein. Das war schon da, als wir ins Zimmer gekommen sind. Ich lese nicht, und schreiben tu ich noch viel weniger. Gehört das nicht Ihnen?«

Herman betrachtete den Seitenstapel und versuchte, sich krampfhaft daran zu erinnern, was er letzte Nacht getan hatte. Nein. Er hatte lediglich seine Ideen und Fragen notiert, diese Geschichte hatte er nicht geschrieben.

»Gehört das nicht Ihnen, Mr Banks?«, wiederholte DCI Barrie ihre Frage in noch etwas dringlicherem Ton.

»Ob das von mir ist? Ja, natürlich. Ja, das sind meine Ideen, obwohl …« Herman sah die Polizistin an, dann warf er Amber einen fragenden Blick zu. Hatte sie die Seiten vielleicht heimlich getippt? Aber sie schaute ihn nur verwirrt und besorgt an. Sein Kopf fühlte sich heiß an, er schwitzte. Ihm war schwindlig. »Tut mir leid«, meinte er kopfschüttelnd. »Ich fürchte, ich bin ein bisschen durcheinander. Haben Sie …?« Doch als er Maxwells Blick begegnete, begriff er, dass es besser war, den Mund zu halten.

»Wenn das hier nicht aus Ihrer Feder stammt, Mr Banks, sagen Sie es mir bitte, denn dann nehme ich das Zeug besser mit aufs Revier. Kann ich es mal sehen? Handelt es sich womöglich um einen Drohbrief? Oder eine Lösegeldforderung? Was ist es denn nun?«

»Nein, nein, es ist eine Geschichte … meine Geschichte«, erwiderte Herman hastig, nahm den Papierstapel und drückte ihn fest an die Brust, damit niemand etwas lesen konnte. »Tut mir sehr leid, aber mir ist auf einmal ziemlich flau im Magen.«

»Du hast ja heute auch noch nichts gegessen, Herman«, sagte Amber und nahm fürsorglich seinen Arm. »Komm mit nach unten und setz dich aufs Sofa, ich koche etwas für dich. Entschuldigen Sie uns bitte«, fügte sie, an DCI Barrie und DS Jones gewandt, hinzu.

»Kein Problem, wir wollten sowieso gerade gehen. Ich hoffe, Mr Banks fühlt sich bald besser.«

»Na, das war ja wohl die reine Zeitverschwendung«, sagte Maxwell zu DCI Barrie, als sie Amber zum Abschied zuwinkten und die hochschwangere Polizistin sich mit Mühe in den Wagen zwängte. »Warum in aller Welt sind wir denn so lange geblieben?«

»Ich weiß nicht, wahrscheinlich verbringe ich einfach gerne Zeit mit reichen Menschen, das macht mir Spaß. Und der Kaffee war hervorragend.«

»Und, was denken Sie?«, fragte Maxwell und ließ den Motor an.

»Ich glaube, Mrs Banks ist nett«, antwortete Barrie, während sie die Auffahrt hinunterfuhren und Amber an der Tür immer kleiner wurde.

»Ich meine, was haben wir von der Sache mit der Uhr zu halten?«

»Ich glaube, sie hat die Uhr für ihren Mann gekauft, weil sie wegen irgendwas ein schlechtes Gewissen hat. Vermutlich hat sie eine Affäre. Kann man ihr nicht vorwerfen, finde ich. Ich hab mir so was auch schon überlegt, weißt du, vor allem, wenn ich mit dir zusammen bin.« Sie sah

Maxwell an, der endlich lächelte und den Kopf schüttelte. »Sie hat ihm die Uhr geschenkt, letzte Nacht haben sie sich gestritten, er hat im Gästezimmer geschlafen. Er misstraut ihr, er hat die Uhr irgendwo versteckt und uns herbestellt, um rauszufinden, wo sich seine Frau gestern in Bath rumgetrieben hat.«

Maxwell lächelte. »Genau das hab ich mir auch gedacht. Aber was sollte die Sache mit der Schreibmaschine? Was ist da los?«

»Ich weiß nicht. Ich weiß es einfach nicht.«

»Ob wir wohl noch mal von den beiden hören?«

»Vielleicht von ihr«, meinte Barrie und schaute Maxwell nachdenklich an.

»Ihr Handgelenk sah ziemlich übel aus«, stimmte er zu. »Na ja, reich oder nicht, ich finde, wir sollten sie festnehmen, weil sie kostbare Polizeizeit verschwendet haben.«

»Na, *das* wäre dann definitiv Verschwendung kostbarer Polizeizeit. Aber jetzt zu wichtigeren Dingen: Kannst du bitte am nächsten Pub anhalten«, sagte sie und rutschte auf dem Sitz herum. »Ich muss schon wieder ganz dringend pinkeln.«

»Himmelherrgott noch mal«, schimpfte er.

Herman lag auf dem Sofa im Salon, während Amber in der Küche Essen machte. Er las das Kapitel noch einmal und bekam dermaßen heftige Kopfschmerzen, dass er zwei von den Tabletten schluckte, die einen festen Platz in seiner Tasche hatten, seit ihm klar geworden war, dass er es womöglich nicht schaffen würde, die Literaturwelt in Begeisterung zu versetzen. Dann schloss er die Augen und versuchte sich vorzumachen, nichts von den jüngsten Ereignissen wäre wirklich passiert. Das Nächste, was er mitbekam, war, dass Amber einen Teller mit warmem Essen auf den Tisch neben ihm stellte, aber er ließ die Augen geschlossen und überlegte angestrengt, ob es nicht sein konnte, dass sie die Seiten geschrieben hatte, um ihm einen Streich zu spielen. Sie hatten in getrennten Zimmern geschlafen, sie hatte ihn verhöhnt, weil er bisher nichts zustande gebracht hatte, sie hatte ihm erst vor ein paar Stunden eine Uhr geschenkt, und er hatte ganz sicher nicht die Dankbarkeit gezeigt, auf die sie gehofft hatte. War sie die Urheberin des geheimnisvollen Manuskripts? Er öffnete abrupt die Augen. Sie starrte ihn an.

»Ich bin mal eine Weile weg.«

»Wohin gehst du?«

Sie zögerte. »Ich treffe mich mit Hattie, um zu besprechen, wie wir möglichst bald die Überwachungskameras installieren lassen können.«

Sie log schon wieder.

VIII

Herman erwachte auf der Couch. Draußen war es dunkel, drinnen ebenfalls. Das Haus war still. Langsam richtete Herman sich auf und hörte, wie die Manuskriptseiten auf den Boden flatterten. In der noch immer nicht ganz vertrauten Umgebung tastete er nach einem Lichtschalter. Die an der Wand funktionierten nicht, aber er schaffte es schließlich, eine Lampe auf einem Beistelltisch anzuknipsen, die zumindest den Platz direkt um ihn herum beleuchtete. Sorgfältig sammelte er die heruntergefallenen Blätter auf und ging zum Fenster. Das Auto stand in der Auffahrt, also war Amber zurück – wo immer sie gewesen sein mochte –, und das war auch gut, denn die Uhr auf dem Kaminsims zeigte ihm, dass es 3:23 Uhr war.

Als Amber weggefahren war, hatte er sich ins Schreibzimmer zurückgezogen und mehrere Stunden mit dem Versuch verbracht, sich einen Reim auf das zu machen, was heute passiert war. Er wusste, dass der Schrifttyp der Underwood identisch war mit dem auf dem Manuskript; er wusste das, obwohl die Underwood momentan nicht richtig funktionierte, denn er besaß ja das auf ihr getippte

Manuskript von Gregory Burns' *Der Erlöser*. Es war genau die gleiche Schriftart, die Buchstaben gleich geformt, das *T* ein wenig nach unten verrutscht, das *S* leicht nach rechts gekippt. Doch obgleich er wusste, dass die Underwood-Maschine die Quelle der Geschichte sein musste, hatte er dennoch wie ein Wahnsinniger jede einzelne Schreibmaschine im Zimmer ausprobiert, hatte Papier eingespannt, ein paar Worte getippt und alles getan, um nachzuweisen, dass die fraglichen Seiten hier in diesem Raum geschrieben worden waren. Nach der ganzen Hektik war es natürlich mit der Konzentration auf seine eigene Schreiberei vorbei, also hatte er sich auf die Couch gelegt.

Amber schlief, als er nun neben sie unter die Decke schlüpfte. Doch sobald er auf dem Rücken lag, war jede Müdigkeit verflogen. Er dachte an seine Konkurrenten in der Geschäftswelt, an Kollegen, die er verärgert hatte, an Leute aus seinem Privatleben, die alle möglichen Gründe hatten, ihm böse zu wollen, aber nichts passte richtig zusammen, er konnte sich nicht vorstellen, dass ihm einer dieser Menschen einen solchen Streich spielte. Es musste Amber gewesen sein. Er kannte seine Frau ja gar nicht mehr richtig, sie hatte eine Affäre gehabt und ihm das Herz gebrochen, und jetzt nahm sie vermutlich seinen Verstand aufs Korn und trieb ihn in den Wahnsinn. Er sah ihr beim Schlafen zu, bis sie sich um halb sechs Uhr früh zu rekeln begann. Rasch schloss er die Augen und tat so, als würde er schlafen. Kurz darauf hob sie die Decke vorsichtig an und stieg fast lautlos aus dem Bett.

Mit klopfendem Herzen blieb er liegen und lauschte, ob sie in das Bad neben dem Schlafzimmer gehen würde, betete zum Himmel, dass sie dorthin ging. Jedes andere Zimmer wäre ihm auch recht gewesen, nur nicht die Treppe hinauf zu seinem Schreibtisch, denn dort würde sie womöglich erneut ihre üblen Spielchen mit seinem Verstand treiben. Seinem Herzen hatte sie ja inzwischen genug angetan.

Aber Amber ging nicht ins Bad. Vorsichtig öffnete er die Augen und sah, wie sie hinaus ins Treppenhaus ging. Leise schloss sich die Tür hinter ihr. Herman ließ seiner Frau ein paar Minuten Vorsprung, dann sprang auch er aus dem Bett, eilte zur Tür und riss sie auf. Amber schrie auf vor Schreck, denn sie hatte direkt vor ihm auf dem Treppenabsatz gestanden.

»Was machst du denn hier?«, wollte er wissen.

»Himmel, Herman«, keuchte sie und presste die Hand auf ihre Brust, die sich heftig hob und senkte. »Du hast mich zu Tode erschreckt.«

»Warum? Was hattest du denn vor?«

»Ich wollte nach unten und mir ein Glas Wasser holen«, antwortete sie und sah ihn ängstlich an.

»Warum hast du dann nach oben geschaut?«

»Um mich zu vergewissern, dass da niemand ist. Warum starrst du mich so an, Herman? Du machst mir Angst.«

Langsam wich er zurück und kehrte mit immer noch wild klopfendem Herzen ins Bett zurück, wo er noch eine Kopfschmerztablette nahm und die Augen schloss. Gerade als er spürte, dass er müde wurde, riss ihn ein durchdringender Schrei von Amber aus dem Halbschlaf. Erneut sprang er auf, griff seinen Bademantel und rannte so schnell nach unten, dass er ein paar Stufen verpasste und sich fast den Hals gebrochen hätte.

»Herman! Komm hier runter, bitte, schnell!«

Er stürmte in die Küche, wo er ihre Stimme gehört hatte, und sah Amber in den Salon durchgehen. Dort stöhnte sie auf und verschwand dann im Speisezimmer. Er folgte ihr, während sie weiter ächzte und Schreie ausstieß, als hätte sie Schmerzen.

»O mein Gott, Herman, o mein Gott!«

»Was ist denn los mit dir?«

»Siehst du das nicht?«

Er schaute sich um. Alles erschien ihm normal.

»Die Kronleuchter, Herman, sie haben die verdammten Kronleuchter gestohlen!«

Herman blickte nach oben, und erst jetzt bemerkte er, dass die glitzernden Kristalllüster, die an kunstvollen Deckenhalterungen die Räume geschmückt hatten, samt und sonders verschwunden waren – aus der Decke ragten nur noch nackte Drähte, und es gab nicht einmal Gips- oder Staubspuren auf Boden und Mobiliar. Langsam wanderte Herman durch die Zimmer zurück, durch die sie gekommen waren, und als er den Schaden nun in Augenschein nahm, stieß er genau wie Amber Laute des Entsetzens aus.

»Wie haben die das bloß gemacht, Herman? Wir waren doch die ganze Zeit im Haus! Das verstehe ich nicht. Unsere Kronleuchter! Wie haben die das angestellt? Es müssen mehrere gewesen sein, ein Mensch kann das unmöglich alleine geschleppt haben … Erst die Uhr, und jetzt das.«

Eigentlich neigte Amber nicht zur Hysterie, aber so blass und aufgeregt hatte Herman sie noch nie erlebt; sie zitterte am ganzen Körper. Nein, es konnte nicht sein, dass sie ihm das antat, und bei dem Gedanken spürte Herman eine große Erleichterung.

Plötzlich fiel ihm etwas ein, und er rannte die Treppen zum Schreibzimmer hinauf. Voller Angst rief Amber ihm nach, aber er riss voller Hoffnung die Tür auf – jawohl, es war Hoffnung, die in ihm aufstieg! –, so ungestüm, dass sie gegen ein Regal mit antiken Schreibmaschinen knallte. Atemlos und schwindlig von seinem Ausbruch blieb er stehen und sah, dass auf dem Tisch ein dicker Stoß frisch getippter Seiten lag. Er lachte. Er lachte tatsächlich.

»Was zur Hölle machst du denn da?«, wollte Amber wissen, als sie atemlos hinter ihm ins Zimmer gelaufen kam.

»Oh, ich bin nur … ich bin …« Er saß am Schreibtisch, bereits vertieft in die Fortsetzung der Geschichte, und wusste gar nicht, wie viel Zeit inzwischen vergangen war.

»Man hat uns bestohlen, mitten in der Nacht, während wir geschlafen haben, und du … du liest dein Manuskript?«

Er öffnete den Mund, aber nichts kam heraus.

»Wir müssen die Polizei rufen«, sagte Amber und wandte sich zum Gehen. »Dieser Frau Bescheid sagen. Der schwangeren Polizistin. Sie weiß bestimmt, was wir tun sollen.«

»Nein!«, rief Herman und lief ihr nach, packte sie aber viel zu grob, sodass sie am Geländer Halt suchen musste, um nicht die Treppe hinunterzustürzen.

»Herman!«, kreischte sie erschrocken.

»Entschuldige«, sagte er atemlos und hielt sie fest. »Aber wir können die Polizei nicht rufen, nicht jetzt.«

»Warum nicht?«

»Weil das nicht nötig ist. Es ist alles in Ordnung, da bin

ich sicher. Wir sind nicht in Gefahr. Irgendjemand … ich bin nicht sicher, wer, aber jemand spielt so eine Art Spiel mit mir. Und hilft mir. Glaube ich jedenfalls. Wenn wir die Polizei alarmieren, dann werde ich mein Buch nicht schreiben können, das weiß ich. Nur so kann ich den Roman verfassen, ich glaube, das verstehe ich jetzt. Es ist nur ein Spiel, Amber, und wenn es vorbei ist, bekommen wir alles zurück. Ganz bestimmt.«

Wenig später erschien Hattie mit einem Team von Handwerkern. Sie hatten alles dabei, was nötig war, um im Haus ein modernes Alarmsystem samt Überwachungskameras zu installieren. Im Handumdrehen waren sie bei der Arbeit, bohrten und hämmerten, wo Herman sich doch unbedingt in sein Schreibzimmer zurückziehen und sich in Ruhe mit den neuen Seiten seines Romans beschäftigen wollte. Aber er konnte Amber unmöglich mit Hattie allein lassen, denn die Frau stellte penetrante Fragen und tat immer so vertraulich. Herman hatte Angst, dass Amber ihr etwas von den Kronleuchtern erzählen würde, er war einfach nicht sicher, dass sie den Mund halten konnte – nicht einmal, dass sie seine Theorie wirklich glaubte. Zwar war er selbst nicht hundertprozentig von seinen Erklärungen überzeugt, aber je mehr Zeit verstrich, desto mehr erwärmte er sich für seine Version der Ereignisse. Es gab einfach keine andere Möglichkeit. Zwar schrieb er seinen Roman nicht selbst, aber es war trotzdem *seine* Geschichte – *seine* Ideen, *seine* Charaktere erschienen auf dem Papier, er war der Schöpfer des Protagonisten und seines Schicksals. Also war es auch *sein* Roman. Momentan war Hermans einzige Sorge, dass womöglich ein anderer den Ruhm für diese Arbeit ernten würde – dass Amber und er in Gefahr sein könnten, beunruhigte ihn nicht.

Während Herman über all das nachdachte und sich nebenbei noch überlegte, wie es mit seinem Protagonisten weitergehen sollte, saß Amber stumm und stocksteif neben ihm auf dem Sofa.

Natürlich hatte Hattie die fehlenden Kronleuchter sofort bemerkt – dieser Frau entging anscheinend nichts, außer dem riesigen Leberfleck, der ihre Oberlippe zu überwuchern drohte. Auf ihre dahingehende Frage informierte Herman sie ruhig, dass er die Leuchter hatte abnehmen lassen, damit sie nicht bei den Arbeiten am Sicherheitssystem beschädigt wurden.

»Oh, diese Männer sind absolut zuverlässig, das kann ich Ihnen versichern. Ich habe sie in all den Häusern engagiert, um die ich mich in den letzten fünfzehn Jahren gekümmert habe. Sie hätten Ihre Kronleuchter ganz sicher nicht kaputtgemacht, außerdem haben sie da oben an der Decke auch gar nichts zu tun.«

»Na, ist ja egal.«

»Darf ich fragen, ob Sie die Lüster selbst abgenommen haben?«, fuhr sie neugierig fort. »Und wo Sie jetzt untergebracht sind? Wirklich faszinierend, wie Sie das bewältigt haben.«

Amber starrte weiter schweigend vor sich hin, ohne wie sonst sofort auf Hatties Fragen einzugehen, und nun machte Herman sich Sorgen, dass sie mit ihrem untypischen Verhalten Verdacht erregen würde. »Schatz, möchtest du Mrs Brown nicht eine Tasse Tee anbieten?«

»O nein, das ist nicht notwendig, ich …«, wehrte Hattie ab.

»Und ich hätte gern einen Espresso«, fiel Herman ihr ins Wort. »Die Kronleuchter sind im alten Pfarrhaus. Was meinen Sie, wann die Männer wohl hier fertig sind? Sie können sich ja sicher denken, dass ich für meine Arbeit Ruhe und Frieden brauche.«

Da Hattie nicht auf den Kopf gefallen war, verstand sie den Wink mit dem Zaunpfahl und kam nicht mehr auf die Kronleuchter zu sprechen. »Sie wollen heute Abend mit dem Gröbsten fertig sein, aber ich denke, ein paar Dinge haben sie sicher morgen früh noch zu erledigen.«

Wie es bei Handwerkern häufiger der Fall ist, waren sie am Abend keineswegs fertig, und als sie am folgenden Morgen wiederkamen, fiel ihnen sofort auf, dass die Gemälde, die tags zuvor die Wände – für ihren Geschmack allzu pompös – geschmückt hatten, nicht mehr da waren. Aber sie sagten nichts.

»Ich wette, er ist ein Spieler«, meinte einer diskret zu seinen Kollegen, während sie ihre mitgebrachten Sandwiches aßen und ihren Kaffee aus der Thermosflasche tranken, obwohl Mrs Banks immer wieder versuchte, ihnen etwas anzubieten. Sie saßen im alten Pfarrhaus und hatten die auf noch staubigere Tische gestapelten Stühle abgestaubt, die niemand mehr benutzt hatte, seit das Café und das Museum geschlossen worden waren.

»Aber er ist Millionär«, entgegnete ein anderer.

»Milliardär«, verbesserte ein Dritter, biss in sein Marmeladensandwich und fragte sich, ob seine frischgebackene Frau jemals lernen würde, etwas anderes zu machen.

»Seine Firma hat Milliarden, er selbst nicht«, schaltete sich der Nächste ein, und als er herzhaft in sein Sandwich biss, das mit Truthahn samt Füllung belegt war, tropfte ihm die Cranberry-Soße übers Kinn, und der Marmeladenmann begann vor Neid still vor sich hin zu kochen.

»Nicht mehr, jetzt haben die auch Probleme«, meinte der Kollege, der bislang geschwiegen hatte.

Alle schauten ihn überrascht an.

»Seit wann informierst du dich denn über die Wirtschaftslage?«

»Seit mein Schwager mich überredet hat, Gold zu kaufen. Ich hab den größten Teil vom Erbe meiner Mum reingesteckt, obwohl ich viel lieber einen Hobbyraum gehabt hätte.« Die anderen starrten ihn verständnislos an. »Deshalb behalte ich jetzt die Finanznachrichten im Auge. Das Gold soll sich gefälligst anstrengen und mehr bringen als mein Hobbyraum, das sag ich euch. Jedenfalls reden die auf CNN zurzeit dauernd von Herman Banks – dass er verschwunden ist und dass sein Unternehmen in Schwierigkeiten steckt.«

»Was macht er dann hier?«

»Er schreibt ein Buch.«

Einer der Männer schnaubte laut und verächtlich. »Der schreibt doch kein Buch. Warum sollte er sich die Mühe machen, er kann doch jemanden anheuern, der es für ihn schreibt.«

»Doch, er arbeitet daran. Als ich zu ihm reingegangen bin, um das obere Fenster vorn zu verkabeln, da saß er an einem alten Schreibtisch vor einer alten Schreibmaschine und hat mit einem Rotstift auf irgendwelchen Blättern rumgekritzelt. Überall in dem Zimmer sind Schreibmaschinen, und überall an der Wand hängen Sachen von diesem Schriftsteller, diesem Gregory Burns.«

Die Männer ächzten.

»Schon wieder so einer.«

»Fairerweise muss man sagen, dass er es eher durchziehen wird als einer von den anderen.«

»Heute hatten die auf CNN einen Beitrag mit dem Titel ›Wo ist Herman?‹«, berichtete der stille Kollege.

»So eine Art ›Wo ist Walter‹?«, scherzte einer, und alle lachten.

»Ja, so ungefähr.«

»Ich wette, die wären ziemlich dankbar, wenn sie rausfinden würden, dass er sich hier in Litherly versteckt«, meinte der Marmeladenbrotmann. »Dankbar genug, dass sie genug Geld für einen Hobbyraum rausrücken würden.«

Alle schwiegen eine Weile nachdenklich.

»Nee, wir lassen lieber die Finger davon. So was haben wir noch nie gemacht, und wir fangen jetzt auch nicht damit an.«

Die anderen stimmten zu.

Ein Handy klingelte. Wie nicht anders zu erwarten, war es Hattie, die sie drängte, die Arbeit zu Ende zu bringen.

»Wir sind gleich fertig mit dem Mittagessen«, beruhigte sie der Mann und klopfte sich die Krümel von der Brust. Dann horchte er wieder ins Telefon und sagte: »Nein, wir sind im alten Pfarrhaus. Wir hatten nicht den Eindruck, dass er es mag, wenn wir im Haus rumhängen.« Er lauschte erneut und sah sich in dem alten Café um. »Kronleuchter? Nein, hier sind keine Kronleuchter«, sagte er.

IX

Herman saß im Schreibzimmer und betrachtete den kleinen Monitor, auf dem er nun dank der neuen Überwachungskameras jeden Winkel des Hauses beobachten konnte. Wenn die Kameras nachts auf Infrarotstrahlung umschalteten, bekam alles auf dem Bildschirm eine leicht grünliche Färbung, und jeden Morgen, wenn Herman aufstand, checkte er als Erstes die Aufnahmen ganz genau. Aber bisher hatte er keine Spur von einem Einbrecher entdeckt, der sich nachts oder in den frühen Morgenstunden ins Haus schlich und mit Besteck, Gemälden, Schmuck oder Plasmafernsehern beladen wieder davonstahl. Niemand kam herein, niemand ging hinaus, trotzdem verschwanden ihre Habseligkeiten, und weitere Teile des Manuskripts erschienen. Es war mysteriös, aber Herman fühlte sich seltsam geborgen. Er hatte nicht das Gefühl, dass sein Leben bedroht war, sein Roman kam prächtig voran, ja, er war bereits halb fertig, und Herman bereitete sich darauf vor, die Handlung zu einem wunderbar spannenden Ende zu führen.

Der Roman hatte sich weit großartiger entwickelt, als er

es je zu hoffen gewagt hätte. Er und der Ghostwriter arbeiteten vollkommen im Einklang – der eine nahm den Faden fast nahtlos dort wieder auf, wo der andere die Geschichte unterbrochen hatte, und gelegentlich überraschte der Ghostwriter Herman, indem er Wendungen einfügte, auf die Herman von selbst nicht gekommen wäre, und er hatte sogar Humor. Vieles von dem, was er schrieb, spiegelte Hermans aktuelle Situation wider, und obwohl Herman jedes Mal eine Gänsehaut bekam, wenn er die neuen Seiten entdeckte, folgte darauf ein zufriedenes leises Lachen, sobald er sich in die Geschichte vertiefte.

Er nahm ein frühes Kapitel zur Hand und verlor sich wieder einmal ganz im England um das Jahr 1800, schmutzig, grausam und hart. Die Armen lebten in abscheulichen Verhältnissen, doch mit am schlimmsten war die Lage von Hermans Protagonisten Edwin Grey, der nach zehn Jahren aus dem Gefängnis kam, ein Schatten seiner selbst, ein gezeichneter Mann, der viel älter wirkte als seine sechsunddreißig Jahre. Er hinkte, ging am Stock, war unterernährt und völlig ausgezehrt, als er endlich zu dem Haus zurückkehren durfte, in dem er aufgewachsen war, in die berühmte Vigo Lane, zu seiner Familie und seiner Tochter, die inzwischen zwölf war und die er kaum noch kannte.

Als er die Savile Row hinunterging, entdeckte er sofort, dass der Zusatz »& Son« von dem Schild über dem exklusiven Schneidereigeschäft, das sich seit Generationen in Familienhand befand, entfernt worden war, und sein Herz wurde schwer. Bei genauerem Hinsehen bemerkte er außerdem, dass auch das »E« von

GREY fehlte, und als er stehen blieb, um den Laden genauer in Augenschein zu nehmen, entdeckte er, dass er geschlossen und verrammelt war. Die Idee, dass das Geschäft, das der Stolz und der Lebensinhalt seines Vaters gewesen war, nicht mehr existierte, kam ihm gar nicht in den Sinn, sondern er nahm ganz selbstverständlich an, dass es in eine andere Gegend umgezogen war. Langsam ging er weiter. Unter den neugierigen Blicken vorübergehender Nachbarn, von denen er einige erkannte, die ihn jedoch allesamt argwöhnisch beäugten, humpelte er mühsam auf das Wohnhaus seiner Familie zu. Zum ersten Mal seit zehn Jahren empfand er so etwas wie Freude. Als das Haus in Sicht kam, ging er schneller, ja, er rannte fast, obwohl sein in der Gefangenschaft beschädigtes Bein schmerzte, denn er wollte möglichst bald dort sein. Das Haus sah kleiner aus, als er es in Erinnerung hatte – und er hatte sich dieses Haus in seiner feuchten Zelle jede Nacht ins Gedächtnis gerufen, als wäre es ein Zauberbann, der ihn aus der grausamen Realität entführte. So war sein Zuhause jede Nacht grandioser, palastartiger geworden, das Essen wohlschmeckender, die Einrichtung feudaler, er erinnerte sich an unzählige Einladungen und durchlebte Kindheitserinnerungen in jedem einzelnen Raum. Nun aber erschien ihm das Haus wesentlich kleiner und auch längst nicht so gut erhalten. Er machte sich im Geist eine Notiz, mit Henry, dem Verwalter, darüber zu sprechen. Früher hätte er den Mann öffentlich zusammengestaucht und geglaubt, das würde ihn zu einer besseren Leistung motivieren, aber das konnte er nicht mehr, nicht nachdem er selbst ein Jahrzehnt lang schlechter behandelt worden war als ein Hund. Jetzt würde er so etwas mit einem Gespräch unter vier Augen erledigen.

Mit Tränen in den Augen marschierte er zur Tür. Wie würde man ihn wohl empfangen? Die Aufregung raubte ihm fast den Atem, und ihm war ganz schwindlig. Endlich war dieser lang ersehnte Moment gekommen. Als er die Haustür erreichte und auf die Klingel drücken wollte, ging die Tür von selbst auf, und er musste rasch zur Seite treten, um nicht von dem großen Konzertflügel, der ihm entgegenkam, enthauptet zu werden. Begleitet wurde der Flügel von lauten Protestrufen, und er erkannte die Stimme von Abigail, dem Hausmädchen, das mit einem Staubwedel auf die beiden Männer, die den Flügel schleppten, einschlug. Sie würdigte Edwin keines Blickes, sondern folgte unermüdlich den beiden Trägern, aber ihre Versuche, diese aufzuhalten, hatten etwa die gleiche Wirkung, als würde eine dicke Fliege um ihre Köpfe schwirren. Sie reagierten leicht irritiert, ohne jedoch von ihrem Vorhaben abzulassen.

»Was ist denn hier los?«, rief Edwin schließlich. Sofort hielten die Männer inne und wandten sich ihm zu. Jetzt sah ihn auch Abigail an, schnappte hörbar nach Luft und bekreuzigte sich.

»Gerichtliche Anordnung, Sir«, erklärte einer der Männer, und der andere lachte. Dann hievten sie den Flügel mit vereinten Kräften auf ihren Wagen.

»Was für ein Gericht hat das angeordnet? Und warum? Ich fordere Sie auf, mir das auf der Stelle mitzuteilen.«

»Wer ist denn dieser alte Mann?«, fragte eine junge Dame in einem violetten Kleid, die an der Tür erschienen war.
Als Edwin sie sah, erkannte er sie sofort. Es war, als würde ihm seine Frau erscheinen. »Margaret«, stieß er atemlos hervor.
»Wer ist dieser Mann, und woher kennt er meinen Namen?«, fragte das junge Mädchen erneut und wandte sich mit strengem Blick an Abigail.
»Vielleicht sollten wir wieder ins Haus gehen«, meinte das Hausmädchen und schaute Edwin nervös an. Die Entführung des Flügels schien sie plötzlich überhaupt nicht mehr zu interessieren.
»Und was ist mit dem Flügel?«, fragte Margaret mit großen Augen – großen, traurigen blauen Augen.
»Wir werden ihn zurückbekommen«, versicherte ihr Abigail. »Das könnt ihr eurem Gericht mitteilen.« Damit marschierte sie über den Gartenweg zurück und begleitete Margaret ins Haus.
Keine von beiden würdigte Edwin noch eines Blicks, also holte er tief Atem, ging ebenfalls hinein und war erneut sprachlos, als er in dem völlig leeren Korridor stand.
»Was ist hier los? Wo sind all unsere Sachen?«, fragte er.
»Schsch.« Abigail warf ihm einen warnenden Blick zu und brachte Margaret schnell außer Hörweite. Edwin ärgerte sich über die Art, wie sie mit ihm sprach.
Langsam ging er in den Erdgeschossräumen umher – hohe Decken, nackte Wände, denn nicht nur die Ge-

mälde, auch alles andere war verschwunden, Kerzenleuchter, Silber, Gold. Das zurückgebliebene Mobiliar war äußerst spartanisch, alles von Wert verschwunden. Abigail fand ihn im Salon. Sie verschränkte die Arme vor der Brust und musterte ihn angewidert von oben bis unten. »Am besten stellen Sie in Lady Margarets Anwesenheit nicht zu viele Fragen.«
Edwin musterte Abigail aufmerksam. Als sie angefangen hatte, bei ihnen zu arbeiten, war sie nicht viel älter gewesen als Margaret, und jetzt war sie Mitte zwanzig. Er hätte sie nicht als Schönheit bezeichnet, aber sie war sehr weiblich, mit hübschen, femininen Kurven, doch ihr Blick war hart.
»Sie weiß nicht, wer ich bin«, sagte er.
»Margaret denkt, Sie seien tot.«
»Ich bin empört! Wer behauptet denn so etwas?«
»Ihre Mutter.«
»Aber warum?«
»Was hätte man dem Kind denn erzählen sollen, Sir?«
Edwin zögerte, ihr Ton gefiel ihm nicht, es gefiel ihm nicht, wie sie ihn anstarrte. Zehn Jahre lang hatte man ihn gehalten wie ein Tier, da ließ er sich doch jetzt nicht von einer Bediensteten so respektlos behandeln. Aber ihm fiel auf ihre Frage keine Antwort ein, er hatte törichterweise angenommen, dass seine Tochter die Wahrheit kannte und sie verdaut hatte, sodass er ihr bei seiner Rückkehr seine Gründe nach bestem Wissen und Gewissen auseinandersetzen konnte. Schließlich hatte nicht nur er unrecht getan, seine Frau hatte einen heiligen Eid gebrochen, vor Kirche und Gesetz,

mit einem Mann, der für Edwin den Abschaum der Menschheit verkörperte und den er noch in derselben Nacht umgebracht hätte, wenn ihn nicht ein zufällig vorbeikommender Passant zurückgehalten hätte.

»Ihre Tochter glaubt, dass Sie und …« Abigail schluckte. »… dass Sie und Ihre Frau bei einem tragischen Unfall ums Leben gekommen sind. Sie glaubt, dass ein Pferd gescheut hat und Ihre Kutsche daraufhin mit einer anderen zusammengestoßen ist.«

»Sie glaubt also, ich sei tot«, flüsterte er und fühlte sich plötzlich sehr schwach. »Jeden Tag habe ich an sie gedacht, und dabei war ich nicht einmal ein Gedanke in ihrem Kopf. Ich habe für sie nicht existiert.« Er wollte sich an etwas festhalten, fand aber nichts anderes als die nackte Wand.

Nun wurde Abigail doch ein wenig sanfter. »Ihre Familie dachte, es wäre das Beste für das Kind.«

»Aber was sollte sein, wenn ich zurückkehre? Was wollte man ihr dann sagen? Dass ich von den Toten auferstanden bin?«

»Niemand hat damit gerechnet, dass Sie zurückkommen«, antwortete Abigail und senkte den Kopf. »Wir haben von den Zuständen im Gefängnis gehört, und es erschien uns unmöglich, dass Sie diese Tortur überleben würden – es sei denn durch ein Wunder. Aber nun sind Sie tatsächlich wieder da.« Das Hausmädchen schenkte ihm ein kleines Lächeln und musterte ihn dann wieder so, dass er das Gefühl bekam, er wäre tatsächlich von den Toten auferstanden.

»Wo ist mein Vater? Warum ist der Laden geschlossen?«

Abigail schluckte schwer. »Vielleicht ist es am besten, wenn wir in den Salon gehen.«

»In den Salon? Warum, da war ich doch gerade, da gibt es nichts zu sehen.

»Folgen Sie mir bitte, Sir.«

»Ich kenne den Weg«, rief er ungeduldig, folgte ihr aber. Was hätte er sonst tun können? »Wo ist mein Vater?«

Schließlich blieb Abigail stehen, schaute nervös zu dem Sessel am Feuer und sah dann wieder zu Edwin. »Ihr Vater ist in Kensal Green«, stieß sie hervor, drehte sich dann hastig um und eilte zu der Flügeltür.

»Kensal Green«, wiederholte Edwin und folgte ihr. »Wo ist das? Wann kommt er zurück? Wir müssen ihn umgehend von den jüngsten Ereignissen in Kenntnis setzen«, meinte er dringlich.

»Ich hole uns einen Tee«, erklärte Abigail und schloss die Flügeltüren direkt vor seiner Nase.

Wutentbrannt wollte er ihr nachlaufen, aber da drang ein leises Lachen an sein Ohr, ein unbekanntes, tiefes Lachen hinter ihm, kaum hörbar neben dem Knistern des Feuers. Rasch wandte Edwin sich um und schaute wieder zu den beiden Sesseln, die er vorhin schon gesehen, aber für leer gehalten hatte. Jetzt konzentrierte er sich auf den, der mit der Lehne zu ihm stand.

»Kensal Green ist ein Friedhof, und Mr Grey stattet dort niemandem einen Besuch ab«, sagte eine Stimme, und wieder erklang das seltsame Lachen.

Langsam humpelte Edwin zu dem Sessel und entdeckte dort eine alte Frau mit weißgrauen Haaren, ganz ähnlich wie seine eigenen. Die Frau war von Kopf bis Fuß schwarz gekleidet und hatte eine Decke über die Knie gelegt. Gerade wollte er sie fragen, wer sie war, als sie ihn plötzlich direkt ansah, und ihre Augen waren unverkennbar. Strahlend blau.

»Mutter!« Ohne auf den stechenden Schmerz in seinem Bein zu achten, fiel er vor ihr auf die Knie, vergrub den Kopf in ihrem Schoß und küsste ihre Hand. Dann fühlte er, wie sie ihm mit der anderen Hand sanft über den Kopf strich – die erste tröstliche Berührung, die er seit langer, langer Zeit erfuhr. Er konnte kaum glauben, wie sehr sie sich verändert hatte, andererseits war bei ihm ja das Gleiche der Fall. Aber bei ihm gab es triftige Gründe, seine Mutter hatte ihr Leben nicht unter dermaßen grausamen Bedingungen fristen müssen.

In diesem Moment kam Abigail mit einem Tablett zurück: Tee in feinem Porzellan, Scones mit Marmelade und Clotted Cream. Die letzten zehn Jahre hatte Edwin immer wieder von solchen Köstlichkeiten geträumt, aber jetzt war ihm der Appetit vergangen.

»Das Porzellan haben sie nicht gefunden«, kicherte Edwins Mutter. »Allmählich entwickle ich ein Talent, gewisse Dinge zu verstecken.« Sie sah Abigail an und wartete auf eine Reaktion, aber diese senkte nur den Kopf, antwortete: »Ja, Ma'am«, und verschwand rasch aus der unbehaglich angespannten Atmosphäre, die im Zimmer herrschte.

»Mein Sohn ist also zurückgekehrt«, sagte die alte Dame, und ihre Stimme klang barscher, als er sie in Erinnerung hatte. Langsam rührte sie Zucker in ihren Tee. »Zur Hölle und zurück, wie es aussieht«, bemerkte sie über den Rand ihrer Teetasse hinweg, scheinbar ohne jedes Mitgefühl.

»Es tut mir alles so leid, Mutter. Ich habe mich an einen Kaplan gewandt, einen Mann, der sich während meiner Gefangenschaft gelegentlich um mich gekümmert hat, und ich werde mich von nun an regelmäßig mit ihm treffen, denn ich möchte näher zu Gott kommen, mehr der Mann werden, der ich hätte sein sollen. Ich werde wiedergutmachen, was ich getan habe, bei dir und bei Vater. Und natürlich bei Margaret. Ich werde euch beweisen, dass ich es würdig bin, dass ihr mir verzeiht und mir wieder eure Zuneigung schenkt.«

Er ging fest davon aus, dass diese Rede den gewünschten Erfolg haben würde, er hatte sie viele Male geübt und überdacht, und bei jedem Mal meinte er es ernster. Aber keine der Reaktionen, die er sich ausgemalt hatte, stimmte mit der Realität überein.

Seine Mutter schnaubte unzufrieden, und die Abscheu auf ihrem Gesicht war unverkennbar.

»Du hast einen schlechten Zeitpunkt gewählt, um deine Tat wiedergutzumachen, mein Sohn. Ich habe nicht auf einen Gentleman gehofft, der da aus der Hölle zurückkehrt, sondern auf einen Mörder.«

»Mutter!«, stieß er entsetzt hervor.

Sie ergriff seine Hände und zischte: »Du musst es noch einmal tun, mein Sohn. Morde. Morde so gut, dass du für deine Tat noch einmal in der Hölle landest, denn nur so werde ich wissen, dass es vollbracht ist. Und Gott weiß, wie dringend diese Tat vollbracht werden muss.«

Fernes Scheinwerferlicht zog Hermans Aufmerksamkeit auf sich, und er legte das Manuskript beiseite. Er spähte zum Monitor und erkannte den Mietwagen, der die kurvige Auffahrt heraufkam. Amber war wieder zu Hause. Was bedeutete, dass sie fast den ganzen Tag unterwegs gewesen war. Aber er hatte bereits Maßnahmen ergriffen und Hattie gebeten, ein zweites Auto zu organisieren, denn er hatte vor, ihr bei nächster Gelegenheit zu folgen und endlich in Erfahrung zu bringen, mit wem sie ständig am Telefon flüsterte. Er war nicht so dumm, ihr abzunehmen, dass es ihre Mutter war, denn wenn sie es gewesen wäre, hätte Amber längst den erstbesten Flug zurück nach New York genommen, das wussten sie beide. In der letzten Woche hatten sie so gut wie keinen Kontakt zu Menschen gehabt, und Herman wusste, dass die Wahrheit über das, was hier geschah, im Handumdrehen ans Licht kommen konnte, wenn Amber mit jemandem sprach. Und das würde das Ende seines Buchprojekts bedeuten.

Hermans Roman war inzwischen weiter gewachsen und ziemlich umfangreich geworden, und er war sehr stolz darauf. Aber selbst wenn sein Verhältnis zu Amber besser gewesen wäre, hätte er ihr das Manuskript trotzdem nicht zum Lesen gegeben, denn er wollte es noch eine Weile als sein Geheimnis behalten, vielleicht sogar, bis es ganz fertig war. Er fühlte, dass es nicht mehr lange dauern würde, aber er wusste nicht genau, wie viel Zeit ihm noch blieb. Amber wirkte so angespannt, als könnte sie jederzeit explodieren, und dann war es womöglich aus mit seinem Traum vom Schreiben.

Seine Erklärungen und Theorien über das, was in diesem Haus geschah, linderten Ambers Angst vor Einbrechern oder irgendwelchen mysteriösen Eindringlingen nicht, im Gegenteil – sie warfen nur noch mehr Fragen auf, die Herman selbst natürlich auch durch den Kopf gingen, die er aber gezielt verdrängte. Wenn sein Buch fertig war, konnten sie sofort die Zelte hier abbrechen, nach New York zurückkehren und sich wieder um ihr ganz normales häusliches Glück kümmern. Dann war er auch wieder bereit, seiner Frau die Aufmerksamkeit zu schenken, die sie – das wusste er – so dringend brauchte. Aber all das musste warten, bis der Roman vollendet war.

Da Amber sich zunehmend Sorgen über sein Verhalten machte, versuchte sie immer wieder einzugreifen und ihren Mann zur Vernunft zu bringen. Und obwohl man ihren Mut bewundern musste, sich ganz allein gegen ihn zu stellen, scheiterten all ihre Versuche und endeten in Streit. Inzwischen übernachtete Herman meistens im Gästezimmer, und Amber blieb trotz ihrer wachsenden Angst allein im Schlafzimmer.

Was das Verschwinden ihrer Sachen und das Auftauchen neuer Romanteile anging, so konnte Herman dafür zwar keine logische Erklärung finden, fühlte sich deswegen aber auch nicht mehr unbehaglich, sondern freute sich darüber. Sich damit abzufinden, dass der Vorgang nicht natürlich war, war ihm anfangs etwas schwergefallen, doch die Tatsache, dass das Buch sich nun der Vollendung näherte, versetzte ihn in Hochstimmung, und dieser Adrenalinrausch bewirkte zusammen mit dem Mangel an frischer Luft, Sonnenlicht, Bewegung und menschlichem Kontakt, dass er sich immer weiter von der Realität entfernte. Tief in seinem Herzen hatte er das Gefühl, sich in einem Dialog mit Gregory Burns zu befinden, fast so, als würde der Autor, den er seit dreißig Jahren verehrte – seine Person, sein Werk, sein Schreibgerät –, rein dadurch, dass Herman jetzt sein Haus bewohnte und sein Arbeitszimmer benutzte, ihm nun endlich antworten und sich auf diese Weise für Hermans Unterstützung bedanken. Natürlich konnte Herman es nicht laut aussprechen, aber genau das war es, was ihn im Inneren erfüllte und für ihn so anregend und außergewöhnlich war, dass es ihm Rückhalt gegen die Argumente gab, die Amber in puncto seiner Arbeit, seiner Familie und ihrer Ehe vorbrachte.

Amber war in der Küche, dem wärmsten Raum des Hauses, der sich mit den neuen Einbaumöbeln und den modernen Geräten am wenigsten alt anfühlte und ihr das Gefühl gab, sich in einem ganz »normalen« Haus in New York oder sonst wo auf der Welt zu befinden. Als sie von dem Selbstmord in der Speisekammer erfahren hatte, hatte sie dafür gesorgt, dass die Vergangenheit gänzlich aus diesem Raum getilgt wurde, und sie duldete nichts, was an den schauerlichen Vorfall erinnerte. Außerdem war es das einzige Zimmer, das noch unbeeinträchtigt wirkte. Zwar waren Besteck, Porzellan und auch der Fernseher verschwunden, aber anscheinend war der Eindringling – wer oder was immer er sein mochte – nicht an Mikrowellen und Backöfen interessiert.

Eigentlich war Amber nicht abergläubisch, aber dieses Haus war ihr zutiefst unheimlich. Obendrein benahm sich ihr Mann wie ein Besessener und verwandelte sich immer mehr in einen paranoiden, unberechenbaren Irren – auch äußerlich, mit seinem ungepflegten Bart und dem grässlichen Bademantel, den er tagein, tagaus trug. Und obgleich sie ja wusste, dass sie an seinem Zustand nicht ganz unschuldig war, hätte sie ihm die schlampigen Sachen am liebsten vom Leib gerissen, in Desinfektionsmittel eingeweicht oder besser noch verbrannt.

Anfangs hatte sie gehofft, in der Abgeschiedenheit der südenglischen Natur würde ihre Ehe aufblühen, aber nichts dergleichen geschah: Ihr Mann war in dieser idyllischen Umgebung keineswegs aufmerksam und liebevoll geworden, im Gegenteil, ihre Beziehung schien langsam, aber sicher zu sterben, und Amber fragte sich, ob die Asche, die während ihrer Krise in New York noch geglüht hatte, nicht inzwischen völlig erkaltet war. Aber sie konnte Herman jetzt nicht verlassen. Wenn sie ging, kam das einer Kapitulation gleich, sie würde aufgeben, und das wollte sie nicht. Denn trotz ihrer Affäre und obwohl sie sich von ihrem Mann wegen seiner Arbeitssucht oft genug vernachlässigt und im Stich gelassen gefühlt hatte, und auch trotz seines derzeit so befremdlichen Verhaltens liebte sie ihn immer noch von ganzem Herzen und konnte sich nicht vorstellen, auch nur einen Tag ohne ihn zu leben. Sie war fest entschlossen, ihre Beziehung zu retten.

Als es klingelte, fuhr sie erschrocken zusammen. Sie erwartete keine Gäste, und das Haus lag auch nicht so, dass zufällig jemand vorbeischaute. Hier hatte man so wenig selbstverständlichen Kontakt, dass Amber inzwischen sogar die Männer vermisste, die die Überwachungskameras eingebaut hatten. Sie vermisste es, sie plaudern und bei der Arbeit leise vor sich hin pfeifen zu hören, sie vermisste ihre entspannte Kameradschaftlichkeit so sehr, dass sie immer wieder mit dem Gedanken spielte, eine Haushälterin zu engagieren. Dann hätte sie wenigstens ein bisschen Gesellschaft gehabt und wäre nicht ganz so isoliert gewesen. Aber wie sollte sie dieser Person erklären, dass ständig Dinge aus dem Haus verschwanden? Nein, sie konnte niemanden einstellen.

Als sie jetzt auf den Monitor schaute, sah sie Hattie vor der Tür stehen. Sofort wurde sie nervös. Herman hatte sie ausdrücklich gebeten, auf gar keinen Fall mit Hattie zu reden, weil er befürchtete, die ganze Geschichte würde einfach aus ihr heraussprudeln wie aus einem überfließenden Wasserreservoir, und sie traute sich auch selbst in dieser Hinsicht nicht über den Weg. Wenn Hattie ins Haus kam und sich hier umsah, würde Amber es garantiert nicht fertigbringen, ihr eine dieser lächerlichen Lügen aufzutischen, an die Herman sich klammerte. Also öffnete sie die Tür nur ein paar Zentimeter und lächelte scheu durch den Spalt.

»Hi, Hattie.«

»Hallo, Mrs Banks«, begrüßte Hattie sie freundlich.

»Nennen Sie mich doch bitte Amber.«

»Ist alles in Ordnung?«

»Na klar!«, lachte Amber. »Ich bin nur überhaupt nicht für Gäste angezogen. Hoffentlich macht es Ihnen nichts, wenn wir uns durch die Tür unterhalten.«

»Ach, das ist doch lächerlich, ich würde gar nicht darauf achten, was Sie anhaben«, entgegnete Hattie, aber Amber rührte sich nicht vom Fleck. »Oh. Na gut, ich wollte ja nur Ihren neuen Mietwagen vorbeibringen.«

»Ein neues Auto?«, fragte Amber und machte die Tür ein kleines bisschen weiter auf, um über Hatties Schulter hinwegsehen zu können. Tatsächlich, dort stand ein zweiter schwarzer Mercedes-Jeep, daneben wartete ein Mann.

»Das ist Alan«, erklärte Hattie und versuchte, sich ein Stück durch den größer gewordenen Spalt zu drängen. »Ich fahre ihn nach Hause, sobald wir die Sache hier erledigt haben.«

Amber drückte die Tür schnell wieder ein Stück weiter zu.

»Mr Banks hat heute Morgen angerufen und mich gebeten, sobald wie möglich noch einen Mietwagen für Sie zu organisieren.«

Amber schluckte. Vielleicht hatte sie ja recht mit ihrer Sorge gehabt, dass sie womöglich beide schnell hier wegmussten, vielleicht hatte Herman doch mehr Angst, als er zugeben konnte. Oder er wollte selbst etwas unternehmen, während sie weg war.

»Großartig«, meinte sie, setzte ein Lächeln auf und streckte die Hand durch den Türspalt. »Ich gebe ihm die Schlüssel. Danke, dass Sie vorbeigekommen sind. Bitte danken Sie auch Alan von mir.«

»Ich fürchte, Sie müssen vorher noch ein paar Formulare unterschreiben, Mrs Banks«, sagte Hattie und stampfte mit den Füßen, um warm zu bleiben und außerdem noch einmal deutlich zu machen, dass sie gern ins Haus kommen wollte. Sie trug ihr übliches Tweed-Kostüm, das bei dem bitterkalten Wetter nicht ausreichend war. Amber fühlte sich schrecklich, weil sie Hattie nicht hereinbat, dachte aber an Herman und seine Warnung.

»Ich hole nur schnell meinen Mantel«, sagte sie und schloss die Tür vor Hatties Nase.

Zum Trost kam sie mit zwei Mänteln zurück und hoffte, Hattie würde die Entschuldigung in ihrem Gesicht sehen, als sie ihr den Mantel überreichte. Ob Hattie verstand, wie er gemeint war, blieb unklar, aber sie zog ihn sofort an. Dann füllten sie auf der Kühlerhaube von Hatties Wagen im Scheinwerferlicht des Mercedes die Dokumente aus.

»Alan, Sie können ruhig schon einsteigen, ich fahre Sie gleich zurück zum Verleih«, sagte Hattie freundlich, aber bestimmt, und es war klar, dass sie Amber kurz unter vier Augen sprechen wollte.

Sofort wurde Amber wieder nervös.

»Liebes«, sagte Hattie und umfasste Ambers eiskalte Hände. Überrascht ließ Amber es geschehen. »Jetzt sind wir ja nicht im Haus, und Sie können es mir sagen – ist es noch einmal passiert?«

»Ist was noch einmal passiert?«, fragte Amber, und sie war ehrlich unsicher. Wollte Hattie wissen, ob sie noch eine Affäre hatte? Oder ob sie sich wieder mit Herman gestritten hatte? Ob er sie noch mal am Handgelenk verletzt hatte? Ob der Schlüssel zur Hintertür wieder klemmte? Das alles konnte gemeint sein.

»Die Einrichtung. Ihre *Sachen*«, flüsterte Hattie, und Amber bekam eine Gänsehaut. »Ist wieder etwas davon verschwunden?«

Wie kam Hattie nur darauf, diese Frage zu stellen? Sie wusste doch nur von der Uhr und war wegen der Kronleuchter misstrauisch gewesen, aber dass so etwas zweimal passierte, war ja schon seltsam genug, ohne dass man gleich auf die Idee kommen musste, dass es noch einmal vorkommen könnte. Trotzdem fühlte Amber sich plötzlich sehr erleichtert. Hier war jemand, der wusste, was in diesem Haus los war, eine Frau, die beruhigend ihre Hand hielt, die ihr helfen wollte und der sie ihre Sorgen anvertrauen konnte. Vielleicht gab es ja doch eine Möglichkeit, dieser schrecklichen Tortur zu entfliehen.

Doch dann hörten sie plötzlich ein Klopfen am Fenster und erstarrten beide. Langsam wandten sie sich um.

»Ich muss wieder rein«, sagte Amber hastig und ließ Hattie stehen.

»Warten Sie, die Papiere«, rief Hattie, kritzelte auf der Kühlerhaube noch schnell etwas auf einen Zettel, gab Amber die Unterlagen für den Mietwagen und steckte den Zettel in die Manteltasche. Dann zog sie den Mantel aus und gab ihn Amber mit einem vielsagenden Blick zurück.

»Es ist die Adresse von einem Mann, der früher mal hier gewohnt hat«, sagte Hattie in ihrem üblichen professionellen Ton und drückte Amber die Autoschlüssel in die Hand. »Besuchen Sie ihn mal, vielleicht kann er helfen. Und danke für den Auftrag, Mrs Banks«, sagte sie mit einem kleinen Lächeln.

»Danke, Hattie.« Amber nahm wieder ihre Hand und schüttelte sie. »Bitte sagen Sie doch Amber zu mir.«

»Viel Glück, Amber«, flüsterte Hattie und ging rasch zu ihrem Auto zurück.

X

Als Amber am nächsten Morgen erwachte, war die Kaminverkleidung in ihrem Schlafzimmer weg, und sie verließ das Haus, sobald sie geduscht und angezogen war. Auch ohne nachgeschaut zu haben war sie sicher, dass sämtliche Verkleidungen der offenen Kamine im Haus verschwunden waren.

Herman folgte ihr in einigem Abstand. Sie war früher weggegangen, als er erwartet hatte, aber sobald er sie unten herumlaufen hörte, verließ er das Gästezimmer und zog sich im Schlafzimmer eilig an. Seine Kleider fühlten sich eng und unnatürlich an, nachdem er wochenlang nur in Pyjama und Bademantel herumgelaufen war. Er konnte nicht umhin, mit einer Mischung aus Angst und Bewunderung festzustellen, dass der gusseiserne Kamin aus dem Schlafzimmer verschwunden war. Ob sonst noch etwas weg war, überprüfte er nicht, und da er an diesem Morgen keine Zeit hatte, in seinem Arbeitszimmer nach der neuesten Romanfortsetzung zu sehen, ging er einfach davon aus, dass ein so kostbares Stück wie der Kamin mindestens für ein paar Kapitel ausreichte. Es freute ihn immer, wenn ein weiterer Teil des Buchs erschien, und er hoffte inständig, dass ihnen die Wertgegenstände nicht ausgingen, bevor das Ende des Romans erreicht war. Aber wenn er sich Sorgen darüber machte, tröstete er sich sofort damit, dass er ja Millionen zur Verfügung hatte und im Handumdrehen weitere Kostbarkeiten zur Verfügung stellen konnte.

Er hatte schon sehr lange nicht mehr am Steuer gesessen – abgesehen davon, dass er einen Golf-Buggy auf dem Golfplatz gefahren hatte und ein bisschen auf seiner privaten karibischen Insel herumgekurvt war –, und mit dem Fahren auf der linken Straßenseite hatte er überhaupt keine Übung. Immer wieder musste er sich ermahnen, die Linie auf der Straßenmitte zu beachten, aber allzu oft war diese gar nicht vorhanden. Außerdem war die Landstraße schmal, kurvenreich und erforderte seine volle Aufmerksamkeit. In den USA benutzte er immer einen Limousinen-Service, und in New York beschäftigte er einen Chauffeur. Zum Glück gab es so gut wie keinen Verkehr, und so konnte er sich in aller Ruhe auf die Straßenverhältnisse konzentrieren. Obwohl er wusste, dass Amber, die ein gutes Stück vor ihm herfuhr, eine umsichtige Fahrerin war, überraschte es ihn trotzdem, wie gut sie unter diesen Umständen zurechtkam. Es gab Augenblicke, in denen er fast sicher war, sie verloren zu haben, aber wenn die Straße dann wieder ein Stück gerade verlief, tauchte Ambers Jeep wieder auf.

Eigentlich war er davon ausgegangen, dass sie nach Bath fahren würde, was eine fast eineinhalbstündige Fahrt bedeutete, aber als sie sich dem Dörfchen Litherly näherten, leuchteten plötzlich Ambers Bremslichter auf. Auch Herman trat auf die Bremse, denn er wollte ihr auf keinen Fall so nahe kommen, dass sie ihn entdeckte. Dann setzte Amber abrupt den Blinker nach links und verließ das Dorf, schlängelte sich durch eine Reihe schmaler Sträßchen, die immer weiter aufs Land führten. Etwa zehn Minuten lang fuhr sie durch ein Labyrinth von Abzweigungen, und es war unverkennbar, dass sie schon einmal hier gewesen sein musste. Schließlich drosselte sie das Tempo und hielt vor einem bezaubernden Tudor-Häuschen mit einer dekorativen Fachwerkfassade, großen qualmenden Schornsteinen mit hübschen Aufsätzen und hohen schmalen Fenstern mit Butzenscheiben.

Um nicht entdeckt zu werden, blieb Herman ein Stück zurück, konnte aber sehen, wie die Tür des Hauses sich öffnete und ein Mann etwa in Hermans Alter erschien, um Amber zu empfangen. Er war gut aussehend, athletisch gebaut und lächelte Amber freundlich entgegen. Die Hand ein Stück über ihrem Kreuz, führte er sie ins Haus, dann fiel die Tür hinter ihnen ins Schloss. Herman platzte fast vor Wut, stieg aus dem Jeep, wollte zur Tür rennen, klopfen, hineinstürmen und die beiden zur Rede stellen. Aber in letzter Sekunde entschied er sich dagegen. Er musste warten, auch wenn es ihn innerlich fast zerriss. Er musste wissen, wie lange seine Frau bei diesem Mann blieb und ob er den beiden noch weiter nachspionieren musste, um Beweise zu bekommen. So blieb er schweren Herzens in seinem Jeep sitzen, weinte und kam sich vor wie ein Idiot, weil Amber ihn wieder belogen hatte – ausgerechnet jetzt, wo er ihr doch so gern verzeihen wollte, hatte sie ihn erneut betrogen.

Eine Stunde später kam sie mit gesenktem Kopf aus dem Haus und ging geradewegs zu ihrem Auto. Während sie weg gewesen war, hatte Herman in einer Seitenstraße gewendet, sodass sie nicht an ihm vorbeikommen würde, und nun machte er sich bereit, ihr zurück zu ihrem Haus zu folgen. Als sie die Straße erreichten, die auf die Hauptstraße – und einzige Straße – des Dorfs mündete, rechnete er fest damit, dass sie nach rechts abbiegen würde. Aber sie fuhr nach links, und er saß da, sah ihr Auto in der Ferne verschwinden und überlegte, was er jetzt tun sollte. Nach links ging es zu seiner Frau, nach rechts zu seinem Roman. Schließlich entschied er sich für Letzteres. *Burns' Estate* rief nach ihm.

Amber folgte ihrem Navi, das sie zuverlässig durch die belebten Straßen von Bath führte, und war froh, Menschen zu sehen, die einfach ihren täglichen Erledigungen nachgingen. Das erinnerte sie daran, dass nicht die ganze Welt stehen geblieben war, sondern vielleicht nur ihre. Manchmal ging sie nach ihrem Vormittagstermin bei Fred ins beliebteste, belebteste Café von Bath und setzte sich mitten in den ganzen Betrieb, einfach um sich wieder als ein Teil des Lebens zu fühlen. Des »normalen« Lebens.

»Sie haben Ihr Ziel erreicht«, sagte die Frau auf dem Navi plötzlich.

»Nein, das kann nicht stimmen«, widersprach Amber und schaute sich um. »Verdammt.« Sie löschte die Route und gab die Adresse noch einmal genau so ein, wie Hattie sie ihr gegeben hatte.

»Sie haben Ihr Ziel erreicht«, plingte es sofort wieder, als sie auf »Enter« gedrückt hatte.

Amber knurrte, kramte ihr Handy aus der Tasche und rief Hattie an, um sie zu fragen, aber sie antwortete nicht.

In Hatties Auto klingelte das Handy, gerade als sie die Tür hinter sich zugemacht hatte. Ihr fiel gleich auf, dass keiner der beiden Wagen vor *Burns' Estate* stand, eine Seltenheit. Also waren sowohl Amber als auch Herman unterwegs. Diese Gelegenheit konnte Hattie sich nicht entgehen lassen. Schnell ging sie zur Vorderseite des Hauses und besah sich die Fenster. Überall waren die Vorhänge zugezogen. Nach einem kurzen Blick über die Schulter, mit dem sie sich vergewisserte, dass sich niemand hinter ihr in der Auffahrt befand, nahm sie ihren Mut zusammen, lief um das Haus herum und versuchte, in die Fenster zu spähen. Alle waren abgedeckt, aber als sie zur Rückseite des gigantischen Gebäudes gelangte, sah sie, dass die Vorhänge hier nicht zugezogen waren.

Schnell stapelte sie ein paar herumliegende Kisten aufeinander, kletterte darauf, legte die Hände schützend ans Gesicht, um das Tageslicht zu blockieren, und lugte hinein. Der Anblick verschlug ihr den Atem. Vor ihr lag das Speisezimmer, das früher prächtig eingerichtet und mit einem kostspieligen Esstisch, mit Gemälden, Lampen, Teppichen und Sideboards ausgestattet gewesen war, aber jetzt war der Raum, abgesehen von ein paar verlassenen Lampen auf einsamen Beistelltischchen, vollkommen leer.

Sie musste Amber anrufen und sie überreden, sich für eine Weile bei ihr oder wenigstens in irgendeinem Hotel einzuquartieren. Am besten erfand sie ein Asbestproblem und zwang die beiden so, das Haus zu verlassen – sie hatte die Sache viel zu lange schleifen lassen. Aber als sie wieder von den Kisten heruntersteigen wollte, bekam sie einen Höllenschreck, denn direkt neben ihr stand Herman Banks.

Hattie stieß einen Schrei aus und ließ ihre Schlüssel fallen.

»Hallo«, sagte Herman ruhig.

»Hallo, Mr Banks.« Hattie kletterte von den Kisten, fummelte an ihrem Rock herum und bückte sich, um die Schlüssel aufzuheben. »Tut mir leid, ich war nicht sicher, ob jemand zu Hause ist. Ich habe geklingelt, aber dann bin ich doch lieber ums Haus herumgegangen, um mich zu vergewissern. Manchmal funktioniert die Klingel ja überhaupt nicht«, erklärte sie und hörte selbst das Zittern in ihrer Stimme. »Tja, ich bin vorbeigekommen, um Ihnen das hier zu geben.« Sie reichte ihm einen einzelnen Schlüssel, und auch dieser zitterte, als sie ihn vorsichtig in Hermans offene Hand legte.

Doch er schaute sie amüsiert an, fast so, als würde er ihre Verlegenheit genießen.

»Das ist der Schlüssel für die Hintertür. Mrs Banks hat gesagt, dass Ihrer immer wieder klemmt, da habe ich einen neuen für Sie machen lassen. Der müsste funktionieren«, meinte sie mit einem nervösen Lächeln.

Kurz überlegte sie, ob sie das Asbestproblem vielleicht jetzt schon erwähnen sollte, zusammen mit dem Vorschlag, gleich ein paar Leute herzuschicken, die sich darum kümmern würden, aber sein Blick, seine kalten Augen in dem Gesicht, das durch den Bart so verändert wirkte, machten ihr klar, dass es besser war, dieses Thema mit Amber zu besprechen.

»Dann geh ich jetzt wieder, Mr Banks«, sagte sie, und als sie sich abwandte, spürte sie sofort seinen Blick im Rücken. Als sie schon fast um die Hausecke war, hörte sie ihn ihren Namen rufen. »Ja?«, antwortete sie und drehte sich um.

»Lassen Sie sich nicht noch einmal dabei erwischen, wie Sie hier rumschnüffeln«, sagte er mit leiser, warnender Stimme.

»Ich habe nicht …« Sie brach ab und schluckte. »Ja, Mr Banks.« Dann ging sie schnellen Schrittes zu ihrem Auto.

»Entschuldigung.« Amber klopfte ans Fenster des Pförtnerhäuschens vor dem Gebäude, zu dem ihr Navi sie gebracht hatte. Ein freundlicher Sicherheitsmann um die sechzig öffnete die Tür und kam zu ihr heraus.

»Ich suche diese Adresse, aber mein Navi dirigiert mich immer wieder hierher«, erklärte Amber, ein bisschen gestresst, weil sie bereits seit einer halben Stunde im Kreis fuhr. »Gibt es in der Gegend irgendetwas mit einem ähnlichen Namen?«

Der Mann setzte seine Brille auf und nahm ihr den Zettel mit der Adresse ab.

»Arthur Willis«, las er den Namen vor.

»Kennen Sie ihn?«, fragte sie. »Wohnt er in der Nähe?«

»Ja, den kenne ich allerdings. Sie sind genau an der richtigen Adresse. Er wohnt hier«, antwortete er und deutete auf das Gebäude, vor dem sie standen.

Amber folgte seinem Blick und seufzte. »*Psychiatrische Klinik St. Dymphna?*«

Zögernd ging sie zum Empfang und musste sich bei jedem Schritt zwingen, nicht wegzulaufen. Aber wenn sie daran dachte, in das immer leerer werdende Haus zurückzukehren, zu Herman mit seinem gehetzten Blick und zu ihrer zerbrochenen Ehe, ging sie doch lieber schnell weiter.

»Ich möchte bitte zu Arthur Willis«, sagte sie nervös.

»Arthur Willis«, wiederholte die Frau und tippte den Namen in den Computer ein.

Eine Schwester, die im Empfangsbereich mit irgendwelchen Papieren beschäftigt war, blickte auf. Hastig sah Amber in die andere Richtung.

»Schon okay, Ella, ich kümmere mich darum«, rief die Schwester der Frau hinter dem Computer zu. »Erwartet Arthur Sie?«, fragte sie dann Amber.

Amber schüttelte den Kopf und spürte, wie ihre Beine zu zittern begannen. »Vielleicht sollte ich ein andermal wiederkommen.« Sie wandte sich zum Gehen.

»Nein, warten Sie.« Die Schwester hielt Amber am Arm fest, und die anderen Leute am Empfang taten so, als bemerkten sie es nicht. »Oh, Entschuldigung«, sagte die Schwester und ließ Ambers Arm wieder los. »Ich mag Mr Willis, und er bekommt nicht oft Besuch.«

Jetzt meldete sich Ambers Gewissen, und sie beschloss zu bleiben. Während Helen, die junge Krankenschwester, Amber durch das Labyrinth von Gängen und Stockwerken führte, erzählte sie, dass sie seit acht Jahren im Krankenhaus arbeitete und sich in dieser Zeit immer wieder um Arthur Willis gekümmert hatte, der seit zwanzig Jahren in unregelmäßigen Abständen in die Klinik kam.

»Was fehlt ihm denn?«, fragte Amber, obwohl sie vor der Antwort ein bisschen Angst hatte.

»Er leidet unter schwerer Paranoia, innerer Unruhe und schizophrenen Episoden – das meiste hervorgerufen durch das Trauma, das er erlebt hat.«

»Ein Trauma? Was ist mit ihm passiert?«

»Seine Frau und seine Kinder sind verschwunden.«

Amber schluckte. »Seine Frau und seine Kinder sind verschwunden?«

»Ja, über Nacht, aus einem Haus etwa eine Stunde von hier. Ich glaube, der Ort heißt Litherly.« Am Fuß der nächsten Treppe blieben sie stehen, und Helen sah Amber aufmerksam an. »Kennen Sie ihn gut?«

Amber schüttelte den Kopf. »Eine gemeinsame Freundin hat mir gesagt, ich soll ihn besuchen, wenn ich in der Gegend bin.«

»Da wird er sich bestimmt freuen.« Jetzt machte Helen sich auf den Weg die Treppe hinauf, und Amber folgte ihr.

»Dann ist er also schon des Öfteren hier gewesen, sagen Sie? Warum kommt er immer wieder zurück?«

»Mr Willis ist auf freiwilliger Basis hier, er liefert sich selbst ein, und obwohl wir seine Wiedereingliederung in die Gesellschaft unterstützen, ist es wegen seines Verhaltens sehr schwierig, eine Unterkunft für ihn zu finden.«

»Was ist das denn für ein Verhalten?«

»Ach, machen Sie sich keine Sorgen, nichts, wovor man Angst haben müsste, aber im letzten Übergangsheim hat er sämtliche Möbel in den Garten geschleppt, als die anderen gerade mal nicht da waren. Er hat darauf bestanden, dass nichts im Haus bleiben darf. Und das hat er schon ein paarmal gemacht«, erklärte Helen.

Amber hielt sich am Geländer fest, denn ihr wurde schwindlig. »Warum besucht ihn niemand von seiner Familie?«

»Es kommt immer mal wieder jemand von ihnen, aber Arthur will sie nicht sehen.«

»Wie kommen Sie dann darauf, dass er mich sehen will?«

»Vielleicht will er es auch nicht. Aber einen Versuch ist es auf jeden Fall wert«, lächelte Helen. »Sie können hier warten, ich sage ihm Bescheid.«

Als Helen mit quietschenden Leinenschuhen ins Besucherzimmer zurückkehrte, konnte man Arthurs Antwort von ihrem Gesicht ablesen.

»Tut mir leid.« Es klang ehrlich.

»Schon gut.« Amber nahm ihre Handtasche und wollte gehen. »Vielleicht … vielleicht ändert es etwas, wenn Sie ihm sagen, dass ich auf *Burns' Estate* wohne.«

Unsicher sah Helen sie an. »Ich kenne Mr Willis, und wenn er eine Entscheidung trifft, dann ist sie unwiderruflich. Und ich möchte nicht, dass Sie nachher enttäuscht sind.«

»Ich werde nicht enttäuscht sein«, versprach Amber mit einem schnellen Lächeln. »Aber vielleicht funktioniert es.«

Helen verschwand wieder.

Eine alte Frau, die eine Dose umklammerte und im Bademantel allein am Fenster stand, begann auf einmal, mit der flachen Hand gegen die Fensterscheibe zu schlagen. Amber fuhr vor Schreck heftig zusammen. Was sollte sie tun? Niemand kam ihr zu Hilfe, und die alte Frau hörte nicht auf, sondern stieß jetzt statt mit der Hand mit dem Kopf gegen die Scheibe. Amber bekam Angst. Auf einmal hatte sie das Gefühl, dass ihr Ausflug ein großer Fehler gewesen war. Hastig stand sie auf und wäre um ein Haar von einer Schwester umgerannt worden, die zu der alten Frau eilte. Dann stand plötzlich Helen vor ihr und reckte triumphierend den Daumen in die Höhe. Amber wurde in ein kleines Zimmer geführt. Es hatte ein eigenes Bad, war aber sehr spärlich möbliert – ein Bett, ein Schrank und auf der anderen Seite des Betts ein Sessel. Dort saß Arthur Willis und schaute aus dem Fenster. Als Amber hereinkam, drehte Willis sich nicht einmal um, und sie nahm neben der Tür auf dem Stuhl Platz, den Helen ihr brachte.

»Hallo.«

Willis sah sie kurz an, ohne Interesse oder Ablehnung auszudrücken, blickte dann aber gleich wieder aus dem Fenster. Amber zog den Kopf ein und nahm ihren ganzen Mut zusammen.

»Ich bin Ihnen dankbar, dass Sie mich empfangen, obwohl Sie keine Ahnung haben, wer ich bin. Mein Name ist Amber Banks. Ich wohne mit meinem Mann Herman Banks auf *Burns' Estate* in Litherly.«

Jetzt schaute er sie an, aber sie wusste nicht, ob es wegen Hermans Namen war oder weil sie das Haus erwähnt hatte.

»Ich glaube, Sie haben da vor einiger Zeit gewohnt, mit Ihrer … Ihrer Familie. Es tut mir sehr leid, was Ihnen passiert ist.«

Er schaute wieder aus dem Fenster.

»Ich habe gehofft, wir könnten uns darüber unterhalten, wie es für Sie war, auf *Burns' Estate* zu leben. Ob Ihnen ungewöhnliche Leute aufgefallen sind oder irgendetwas …«

Auf einmal knallte er die Faust auf die Armlehne seines Sessels und schrie so laut, dass Amber vor Schreck fast aus dem Stuhl gesprungen wäre. »Journalistin! Raus! Raus! Journalistin! Dreck! Abschaum! Raus! Parasiten!« Er sah sie nicht an, brüllte aber unablässig weiter, eine Art Mantra, und bei jedem Wort wurde sein Gesicht röter.

»Nein, bitte hören Sie auf.« Amber erhob sich. »Ich bin keine Journalistin. Nein«, versuchte sie ihn zu übertönen. Sie öffnete die Tür einen Spalt und sah Helen mit besorgtem Gesicht den Korridor entlangeilen. Schnell schloss sie die Tür wieder und lehnte sich mit ihrem ganzen Körpergewicht dagegen. »Ich bin keine Journalistin«, rief sie so laut, dass Willis auf einmal still war. Sie dagegen schrie weiter. »Ich bin bloß eine Frau, die in *Burns' Estate* wohnt, ich bin mit meiner Weisheit am Ende und suche Hilfe bei Ihnen. Mein Mann versucht, ein Buch zu schreiben, aber er hat sich verändert, er führt sich auf wie ein Verrückter, und unsere Sachen – Bilder, Schmuck, Möbel, sogar die offenen Kamine, alles ist … verschwunden, und ich habe keine Ahnung, wer dafür verantwortlich sein könnte …« Plötzlich begann sie zu weinen. Sie spürte, wie Helen hinter ihr die Tür aufzudrücken versuchte, aber Amber hielt dagegen, mit all der Wut, die in ihr brodelte.

»Amber, lassen Sie mich rein. Mr Willis, alles in Ordnung mit Ihnen? Amber! Was machen Sie denn da? Herr des Himmels, Jimmy, hilf mir doch bitte mal, ja?«

»Das Haus. Irgendwas stimmt da nicht«, fuhr Amber

fort. »Es bringt uns immer weiter auseinander, es treibt uns in den Wahnsinn. Ich weiß ja, dass ich auch mit Schuld habe«, fuhr sie fort, hielt die Tür aber trotz des verstärkten Drucks von draußen weiter zu. »Aber so etwas wollte ich doch nicht. Niemals. Ich wollte doch nur, dass er mich anschaut und dass er mich sieht, wenn er mich anschaut.« Dann ließen ihre Kräfte plötzlich nach, sie brach in Tränen aus und wurde mit Gewalt von der Tür weggerissen, als Helen und Jimmy ins Zimmer stürzten. Blitzschnell verschafften sich die beiden einen Überblick über die Situation – eine schluchzende Amber und einen stummen Arthur Willis im Sessel auf der anderen Seite des Raums.

»Was in aller Welt geht hier vor?« Helen sah Amber vorwurfsvoll an. »Ist alles in Ordnung, Mr Willis?«, fragte sie dann und eilte zu dem alten Mann, während Jimmy sich Amber zuwandte. »Das reicht jetzt, kommen Sie mit«, sagte er sanft, aber bestimmt.

»Ja, verschwinden Sie!«, zischte Mr Willis im gleichen Moment, leise, resigniert, mit vom Schreien heiserer Stimme.

Jimmy versuchte, Amber am Arm wegzuziehen.

»Okay, okay«, sagte sie und wollte sich losmachen. »Ich geh ja schon.«

»Verschwinden Sie! Verschwinden Sie! Verschwinden Sie!«, rief Mr Willis und geriet wieder in Aufregung.

»Schon gut, Mr Willis, Mrs Banks ist schon unterwegs«, meinte Helen beruhigend und durchbohrte Amber mit Blicken.

»Ja, ich bin gleich weg«, beteuerte sie und wischte sich über die Augen, um einen einigermaßen würdevollen Abgang bemüht.

»Verschwinden Sie!«, wiederholte Willis mit drohender Stimme und stand auf.

Als Helen ihn sanft in den Sessel zurückdrücken wollte, sprang der alte Mann erstaunlich flink auf, durchmaß mit vier schnellen Schritten den Raum und packte Amber am Arm.

»Verschwinden Sie«, knurrte er noch einmal mit leiser, tiefer Stimme.

»Das versuche ich ja«, entgegnete sie, schniefte, und wieder fingen die Tränen an zu fließen.

Jimmy bemühte sich, Ambers Arm aus Arthurs Griff zu befreien, aber Arthur schubste ihn weg.

»Verschwinden Sie sofort aus diesem Haus«, sagte er, und nun klang seine Stimme nicht mehr drohend, sondern eindringlich. »Er darf das Buch auf gar keinen Fall fertig schreiben.«

XI

Edwin kniete am Grab seines Vaters und weinte.
Schon bald nachdem er ins Gefängnis gekommen war, hatte das Geschäft Bankrott gemacht, denn niemand wollte sein schwer verdientes Geld beim Vater eines Mörders ausgeben. Eine Zeit lang hatte die Familie noch mit den nicht unbeträchtlichen Ersparnissen überlebt, aber nach fünf Jahren hatte Bertram, Edwins Vater, schließlich bei einem ansässigen »Geschäftsmann«, der eigentlich nicht dafür bekannt war, dass er Menschen in Not half, einen Kredit aufgenommen. Wie nicht anders zu erwarten, nutzte der Mann Bertrams Notlage aus, und Bertram begriff erst, als der Handel abgeschlossen und es für einen Rückzieher zu spät war, dass er niemals in der Lage sein würde, das ganze Geld zurückzuzahlen, vor allem, da sein Gesundheitszustand sich rapide verschlechterte und er nicht mehr arbeiten konnte. Und so hatte die Zwangsenteignung begonnen.
Natürlich war es für Bertrams Gesundheitszustand alles andere als zuträglich, mitansehen zu müssen,

wie seiner Familie ein Besitzstück nach dem anderen entrissen wurde. Zwei Jahre vor Edwins Entlassung starb er schließlich, an gebrochenem Herzen, wie man sagte.

»Am Ende hat er Schwäche gezeigt«, sagte Edwins Mutter, und in ihrer Stimme war die Abscheu vor dem Mann, mit dem sie über dreißig Jahre verheiratet gewesen war, deutlich zu hören. Ihr Ton schockierte Edwin, und es machte ihn krank, sie so über seinen Vater sprechen zu hören, aber sie war hart geworden im Lauf der Jahre, hatte sich eine Elefantenhaut zugelegt, um zu überleben, und von der verwöhnten Frau, die im Gericht jeden Tag um ihren Sohn geweint hatte, war nicht viel übrig geblieben. Zum ersten Mal in seinem Leben sah Edwin mehr von sich selbst in seiner Mutter als in seinem Vater.

»Er hätte nicht bei diesem Mann Hilfe suchen sollen, und niemals hätte er ihn in unserem Haus empfangen dürfen. Aber er hat sich verlocken lassen von dem leeren Versprechen, viel Geld zu haben, endlich schuldenfrei zu sein. Ich hätte lieber Schulden gehabt als einen Teufel in meinem Haus. Er hat uns alles genommen.«

»Aber Mutter, wenn es nichts mehr zu holen gibt, was kann er uns dann noch antun? Jetzt kann er nichts mehr anrichten.«

»Er ist der Teufel, mein Sohn. Er hat deinem Vater die Seele gestohlen.«

»Vielleicht kann ich ihn fragen, ob er Arbeit für mich hat, und die Schulden auf diese Weise abbezahlen.

Diesem Vorschlag muss er zustimmen, denn sonst haben wir ihm ja nichts mehr zu geben.«

»O doch – er plant, sich deine Tochter zu nehmen.«

»Margaret? Aber was soll sie denn für ihn arbeiten? Das wird an unseren Schulden kaum etwas ändern.«

Wieder lachte seine Mutter leise, aber in ihren Augen war keine Fröhlichkeit. »Das Gefängnis hat dein Hirn weich gemacht. Er möchte nicht, dass sie für ihn arbeitet, er möchte sie zur Frau nehmen.«

»Aber sie ist doch noch ein Kind.«

»Sie ist zwölf, also mündig, und er wird nicht lockerlassen, bis er sie bekommt. Er hatte es ja schon die ganze Zeit über auf sie abgesehen.«

Auf einmal stieg in Edwin ein unglaublicher Zorn auf, eine wahnsinnige Wut, wie er sie in seinem Leben nur einmal gespürt hatte – in der Nacht, in der er seine Frau ermordet hatte. »Wer ist dieser Mann?«, fragte er.

Seine Mutter spürte die Veränderung in ihm und setzte sich auf, in der Hoffnung, einen Komplizen gewonnen zu haben.

»Sein Name ist Rufus Sawyer. Ich glaube, du kennst ihn als Liebhaber deiner Frau.«

Herman hörte den Schlüssel in der Tür und legte das Manuskript beiseite. Er war wütend, war den ganzen Tag schon wütend gewesen, aber nun erfüllte ihn derselbe Wahnsinn, der auch in Edwin Grey tobte. Während er auf Ambers Rückkehr wartete, war er sich vorgekommen wie ein Raubtier im Käfig, der Zorn hatte so heftig in ihm gebrodelt, dass er das Gefühl hatte zu platzen. Draußen war es schon längst dunkel; Amber war den ganzen Tag weg gewesen und nicht an ihr Handy gegangen, sodass der Ärger die Chance gehabt hatte, sich in ihm auszubreiten, und inzwischen war er doppelt wütend, da auch Edwin Greys Gefühle in ihm tobten, dessen Zorn darüber, dass der Mann, der ihm die Frau weggenommen hatte, nun auch seine Tochter wollte, die doch noch ein Kind war. Diese Wendung hatte Herman nicht kommen sehen, es war ein Einfall des Ghostwriters gewesen, aber er gefiel Herman ausnehmend gut. Er war perfekt. Er erreichte genau das, was er erreichen wollte: Er erfüllte den Leser mit Emotionen und brachte ihn dazu, auf persönlicher Ebene auf die Romanfigur zu reagieren. Die Identifikation mit seinem Protagonisten war das Allerwichtigste für ihn. Und nun, da Amber zu Hause war, würde er seine Frau nicht nur mit seiner eigenen Wut, sondern dazu noch mit der Wut seiner Hauptfigur konfrontieren.

»Na, hast du einen schönen Tag gehabt?«, fragte er scheinbar freundlich und näherte sich ihr von hinten.

Amber seufzte, und als sie sich umdrehte, bemerkte er ihr verweintes Gesicht, die roten Augen, die verstopfte Nase. Zuerst erwischte ihn der Anblick auf dem falschen Fuß, aber dann wappnete er sich schnell dagegen.

»Nein«, schniefte sie. Neue Tränen liefen ihr über die Wangen, und sie machte sich nicht die Mühe, sie wegzuwischen. »Mein Tag war schrecklich, Herman.«

»Konnte dein Freund dich nicht aufheitern?«

»Mein Freund? Herman, ich hab dir doch gesagt, dass ich nicht mehr mit ihm rede. Seit drei Monaten haben wir kein Wort mehr gewechselt. Es ist vorbei. Aus und vorbei. Wie oft muss ich dir das denn noch sagen?«

»Ich meine nicht deinen Freund aus New York, Amber. Ich bin dir heute Morgen gefolgt.«

»Du bist mir *gefolgt*?« Sie setzte an, etwas zu sagen, brach mittendrin ab und rannte zur Treppe. Aber Herman packte ihren Arm und riss sie zurück.

Sie schrie auf vor Schmerz.

»Wo willst du denn hin?«

»Kannst du dir das nicht denken? Ich gehe nach oben und packe meine Sachen. Ich will nach Hause, weil ich genug habe von dieser Umgebung und genug davon, wie du dich verändert hast, genug davon, dass du dich benimmst wie ein Monster. Ich will nur noch nach Hause. Ich möchte, dass alles wieder so wird wie früher …«

»Aber wir können nicht zurück!«, brüllte er. »Du hast alles kaputtgemacht.«

»Dann lass es mich wieder in Ordnung bringen! Aber das kann ich hier nicht, nicht in diesem alten, unheimlichen Gemäuer. Ich muss nach Hause, Herman«, beteuerte sie, flehte beinahe und ging auf ihn zu. »Ich liebe dich, ich will immer bei dir bleiben, aber hier kann ich nicht leben. Bitte komm mit mir nach Hause.«

»Damit du mich wieder anlügen kannst?«, schrie er sie an, griff nach einer Lampe und schleuderte sie quer durchs Zimmer, sodass sie zerschellte. Alles wurde dunkel.

»Wer ist dieser Mann, Amber? Wer ist er? Sag es mir. Ist er interessanter als ich? Ist er reicher als ich? Ist er besser im Bett? Ist das der Grund, du dumme Schlampe?«, schrie er, und dann warf er ihr jedes Schimpfwort an den Kopf, das ihm einfiel. Auch als sie ihm die Schlafzimmertür vor der Nase zuknallte und verriegelte, ließ er nicht locker, sondern hämmerte mit den Fäusten dagegen, traktierte sie mit Tritten, lief davor auf und ab, fluchte und beleidigte Amber weiter, während er sie drinnen weinen hörte. Jedes Schluchzen spornte ihn noch mehr an. Er wollte sie verletzen, er wollte, dass sie sich erbärmlich und ungeliebt fühlte, nutzlos und unerwünscht, dass sie all das empfand, womit er selbst jeden Morgen aufwachte, all das, was er jede Nacht in seinen Träumen fühlte.

Schließlich hörte ihr Schluchzen auf, Hermans Hals brannte vom Schreien wie Feuer, er hatte genug von seinen Beleidigungen und zog sich ins Gästezimmer zurück, wo er sich in den Schlaf weinte.

Als sie den Aufruhr im Haus hörte, das Geschrei, die Beschimpfungen, das Hämmern gegen die Tür, erstarrte Hattie, die vor der Haustür stand, unschlüssig, ob sie klingeln sollte oder lieber die Polizei rufen oder nichts von beidem. Sie hatte ein gefälschtes Dokument in der Hand, das behauptete, dass Mr und Mrs Banks das Haus umgehend verlassen mussten, weil bei der Installation der Überwachungskameras Asbest entdeckt worden war, was eine sofortige Überprüfung und Absicherung erforderte. Nachdenklich blickte Hattie auf das Papier, das sie zu Hause selbst ausgedruckt hatte, aber dann stellte sie sich Herman vor, Herman und seine wütenden Augen. Er war ein intelligenter Mann, er würde die Lüge durchschauen, und in der Stimmung, in der er sich momentan befand, war es besser und auch ungefährlicher, morgen mit Verstärkung wiederzukommen. Vielleicht würde ihr Neffe sie begleiten und sich als Vertreter der Umweltbehörde ausgeben. Sicher, er war erst fünfzehn, aber sehr groß, sodass man ihn immer für wesentlich älter hielt.

Als sie zu ihrem Auto zurückging, betete sie, dass Mrs Banks unversehrt war. Und dass alle beide nicht hörten, wie sie den Motor anließ.

Als Herman am nächsten Morgen erwachte, war seine Frau nicht mehr da.

XII

Es war schon Mittag, als Herman vom Klingeln des Telefons aufwachte. Irgendwann hatte ihn die Erschöpfung übermannt, und gegen vier Uhr morgens war er in einen unruhigen Schlaf gesunken. Das Wetter schien von seiner Stimmung angesteckt und war so turbulent geworden, dass er in der Nacht befürchtet hatte, das Dach würde dem Sturm nicht standhalten. Draußen tobte noch immer der Wind, als wollten die plötzlichen Böen die Standfestigkeit der Bäume auf die Probe stellen. Ununterbrochen prasselte der Regen an die Fenster, änderte gelegentlich, so plötzlich und perfekt synchronisiert wie ein Vogelschwarm, die Richtung und suchte sich eine neue Zielscheibe.

Das Telefon klingelte wieder, und endlich merkte Herman, dass es Ambers Handy war, das er aus dem Schlafzimmer auf der anderen Seite des Korridors hörte. Nach einer Weile hörte es auf, fing aber nach Kurzem wieder an mit Ambers irritierendem Klingelton, den sie viel zu laut eingestellt hatte, um ihn in jedem Zimmer des großen, dickwandigen Hauses hören zu können. In der Annahme, dass Amber irgendwo unten herumwerkelte – obwohl es immer weniger gab, mit dem sie herumwerkeln konnte –, trat Herman auf den Treppenabsatz hinaus und rief nach ihr. Totenstille antwortete ihm. Er seufzte. Schon wieder die Schweigefolter. Doch von unten war überhaupt kein Geräusch zu hören, kein Radio, kein Fernseher, nicht einmal CNN, das Amber oft extralaut einschaltete, sozusagen als Wink mit dem Zaunpfahl, dass er sich endlich darum kümmern sollte, was in der Welt draußen passierte. Entweder waren die letzten Fernsehgeräte nun auch verschwunden, oder Amber war ausgegangen. Doch als Herman aus dem Fenster blickte, sah er, dass beide Autos in der Auffahrt parkten. Panik überfiel ihn. Hatte Amber womöglich ihre Drohung von gestern Abend wahr gemacht und war wirklich nach New York zurückgeflogen? Es war untypisch für sie, dass sie ohne ihr Handy wegging, und er bezweifelte auch, dass sie bei dem scheußlichen Wetter einen Spaziergang machte, aber er war sowieso nicht mehr sicher, was eigentlich typisch für seine Frau war.

Nach einer Weile kam er zu dem Schluss, dass sie höchstwahrscheinlich noch im Bett lag und schlief, und falls die Nacht für sie auch nur annähernd so unruhig verlaufen war wie für ihn, würde sie wahrscheinlich den ganzen Tag nicht aufstehen. Vor allem, weil es im Haus so kalt war. Es fühlte sich an, als würde die Januarkälte durch die Fenster kriechen.

Gerade als er die Treppe hinuntergehen wollte, fing das Telefon wieder an zu klingeln. Er horchte an der Schlafzimmertür, ob er vielleicht die Dusche aus dem danebenliegenden Bad hören konnte, aber alles war still. Er probierte den Türknauf. Das Zimmer war noch immer verschlossen, also musste sie irgendwo da drin sein. Er versuchte, durchs Schlüsselloch zu erspähen, ob sie von innen oder von außen abgeschlossen hatte, aber der Schlüssel blockierte die Sicht.

»Amber?« Er klopfte leise. »Alles okay bei dir?« Es war eine dumme Frage, aber sonst fiel ihm nichts ein. Natürlich war nichts okay, es war schlimmer denn je, und obwohl er fest davon ausging, dass sie wieder eine Affäre hatte, kamen ihm seine Beschimpfungen der letzten Nacht inzwischen selbst etwas übertrieben vor, und jetzt, wo sein Zorn sich gelegt hatte, tat ihm der größte Teil davon leid. »Warum gehst du nicht an dein Handy?«

Schweigen.

»Ignorierst du mich?«

Die nächste dumme Frage. Wenn sie ihn ignorierte, würde sie darauf ganz sicher nicht antworten.

Er seufzte und ging nach unten in die Küche, froh, dass der Ghostwriter die Kaffeemaschine offensichtlich für wertlos hielt. Während er darauf wartete, dass die Milch warm wurde, merkte er, dass alles genauso war wie am vergangenen Abend. Die Lampe lag zerschmettert am Boden, in der Abstellkammer waren zwei Paar Gummistiefel und zwei Mäntel. Auch seine Kaffeetasse von gestern stand noch in der Spüle. Er öffnete Schränke und Schubladen. Das Wenige, was ihnen geblieben war, schien sich am üblichen Platz zu befinden. Das machte ihm aus verschiedenen Gründen Sorgen, aber einer davon machte ihm mehr zu schaffen als alle anderen zusammen. Wenn in der Nacht nichts verschwunden war, dann war auch nichts Neues geschrieben worden. Das machte ihm Angst, denn der Roman war fast fertig. In wenigen Tagen würde das Ende erreicht sein, Herman konnte es fast auf den Lippen schmecken, und er hatte sich schon ein paarmal ausgemalt, wie er mit seinem Meisterwerk nach New York zurückkehrte und alle damit in Staunen versetzte, dass er in nur einem einzigen Monat, in gerade mal dreißig Tagen, ein solches Opus zustande gebracht hatte.

Er ließ den Kaffee Kaffee sein, rannte nach oben und stürmte in sein Arbeitszimmer. Als er einen frischen Stapel mit ordentlich getippten Seiten entdeckte, war er zunächst erleichtert, hob ihn auf und drückte ihn voller Freude an die Brust.

Dann klingelte wieder Ambers Telefon.

Und bei diesem Geräusch begann sein Herz auf einmal wild zu schlagen, denn seine zweite Sorge, die er gezielt verdrängt hatte, kam plötzlich an die Oberfläche.

»Amber«, flüsterte er.

Schon rannte er wieder nach unten und klopfte an die verschlossene Schlafzimmertür. Rasch wurde aus dem Klopfen ein Hämmern, Schlagen, Treten und schließlich der Versuch, die Tür mit Anlauf aufzubrechen. Noch immer bemüht, ruhig zu bleiben, erinnerte er sich plötzlich an einen alten Trick, den sein Bruder Hank als Teenager immer angewandt hatte, wenn er nachts aus der Farm abhauen wollte. Rasch holte er ein Blatt Papier aus dem Arbeitszimmer – ein Blatt aus dem Notizbuch, das Amber ihm mitgebracht hatte, wie er sich plötzlich voller Sentimentalität erinnerte – und schob es mit zitternden Händen zur Hälfte unter der Tür durch. Mit einem Stift stieß er dann den Schlüssel aus dem Schlüsselloch, und als er hörte, wie er landete, betete er, dass er auf das Papier gefallen war. Langsam zog er das Blatt dann zurück, und zu seiner großen Erleichterung lag der alte Schlüssel tatsächlich darauf.

Nervös steckte er den Schlüssel ins Schloss und drehte ihn um, in der Hoffnung, seine Frau im Bett liegen zu sehen, in der Hoffnung, dass sie ihn gleich anschreien, ihm etwas an den Kopf werfen würde – alles wäre ihm recht gewesen, solange sie nur in diesem Zimmer war.

Das Bett war offensichtlich benutzt worden, aber es war leer. Auf dem Boden neben der Stelle, wo früher der Kamin gewesen war, standen zwei Koffer, gepackt und aufbruchbereit. Ambers Schrank war ausgeräumt. Herman wurde flau im Magen. Er stieß die Tür zum Bad auf und hoffte erneut, zu hören, wie seine Frau sich beschwerte, dass er nicht geklopft hatte. Aber das Bad war leer.

»Amber!«, rief er durch das leere, stille Haus. »Ist das irgendein Spiel? Wenn ja – es tut mir ehrlich leid, aber ich hab meine Lektion gelernt! Bitte! Bitte versteck dich nicht vor mir! Es tut mir leid, lass uns nach Hause gehen. Wir fliegen zurück nach New York, ich schreibe das Buch dort fertig. Amber!« Seine Stimme war heiser und halb erstickt von Gefühlen, er konnte die Verzweiflung und Angst darin selbst hören.

Doch dann kam ihm plötzlich ein Gedanke. »Sie ist bestimmt draußen«, sagte er zu sich, rannte die Treppe hinunter zur Haustür, riss sie auf und stürzte hinaus. Sofort klatschte ihm der Sturm den kalten Regen ins Gesicht, fuhr unter den Bademantel und blies durch den dünnen Stoff seines Pyjamas. Seine Slipper blieben im Matsch stecken, und er ließ sie einfach stehen, rannte barfuß durch die

Wiesen zu dem Taubenhaus, denn er wusste, dass es einer der Lieblingsplätze seiner Frau war. Aber auch das Taubenhaus war leer, und inzwischen konnte Herman kaum noch aus den Augen sehen, so traktierten Wind und Regen sein Gesicht. Die Kälte brannte ihm auf der Brust, er weinte laut und ungehemmt, aber seine Stimme wurde vom Sturm weggetragen und seine Tränen vom Regen fortgewaschen. Völlig erschöpft, durchnässt, frierend und voller Schlamm, weil er hingefallen war, machte er sich schließlich auf den Weg zurück zum Haus. Dort blieb er eine Weile mit dem Rücken an die Haustür gelehnt stehen, ließ seinen Blick durch das nackte Haus wandern und fühlte die Leere in sich wie ein Loch in seinem Herzen.

Dann klingelte wieder Ambers Handy.

So schnell ihn seine Füße trugen, lief er nach oben und fand das Telefon auf dem Nachttisch. Atemlos nahm er den Anruf entgegen.

»Hallo?«

Langes Schweigen am anderen Ende. Dann sagte eine Stimme: »Ich möchte bitte mit Amber Banks sprechen.«

»Wer sind Sie denn?«, fragte Herman heiser und warf sich aufs Bett. Der nasse Pyjama klebte ihm am Körper.

Wieder folgte ein Schweigen, und erneut wurde Hermans Misstrauen lebendig. Der Mann hatte einen britischen Akzent, klang respekteinflößend, sodass Herman sich unwillkürlich den Mann von gestern vorstellte. »Ich kenne Sie«, verkündete er abrupt, und man hörte die Wut in seiner Stimme. »Ich habe Sie gestern mit Amber gesehen. Glauben Sie bloß nicht, dass ich nicht Bescheid wüsste«, fügte er drohend hinzu.

Schweigen.

»Ich vermute, ich spreche mit Mr Banks?«

»Ja«, knurrte Herman mit zusammengebissenen Zähnen. »Und wenn Sie auch nur daran denken sollten, meine Frau noch einmal anzufassen, werden Sie es bereuen, das schwöre ich.«

Wieder Schweigen.

»Mr Banks, ich glaube, hier liegt eine Verwechslung vor. Ich bin Dr. Barnsley. Ich weiß nicht, mit wem Sie zu sprechen glauben, aber Sie irren sich. Könnten Sie Amber bitte sagen, sie soll mich sobald wie möglich anrufen, damit wir ihren Termin verlegen können.«

»Was für einen Termin denn?«

»Den Termin von heute Vormittag, den Amber leider verpasst hat. Sie wird wissen, was ich meine. Richten Sie ihr doch bitte aus, dass ich angerufen habe.« Damit legte er auf.

Schockiert starrte Herman das Telefon an, während er im Kopf verschiedene Erklärungsmöglichkeiten durchging. Der Mann, den er gestern mit Amber gesehen hatte, sollte ein Arzt sein? Warum suchte Amber einen Arzt auf? Oder schlief sie mit dem Arzt? War sie krank? Hatte er sich wegen der Affäre womöglich doch geirrt? Wieder klingelte das Telefon, das er immer noch in der Hand hielt. Erschrocken zuckte er zusammen und nahm den Anruf ganz automatisch an.

»Amber«, sagte er ins Telefon.

»Oh. Mr Banks. Hier ist Hattie. Hattie Brown.«

»Hattie«, wiederholte er und rieb sich das Gesicht. »Hi.«

»Ich würde gerne Amber sprechen, wenn sie einen Moment Zeit hat.«

»Nein. Sie ist …« Er hörte das Zittern in seiner Stimme. »Sie ist nicht da.«

Hattie schwieg einen Moment, und als sie antwortete, sprach sie langsam und bedächtig. »Glauben Sie, dass Ihre Frau bald zurückkommt?«

»Ich weiß es nicht.« Seine Stimme versagte, und er räusperte sich ausgiebig. »Ich hoffe es. Aber ich richte ihr aus, dass sie Sie anrufen soll, wenn sie zurück ist.«

Er beendete das Gespräch, sprang auf, rannte zur Toilette und übergab sich.

Herman saß im Dunkeln im Salon, der einmal so hell und prächtig gewesen war, so warm und gemütlich, und in dem jetzt nichts mehr stand außer dem Sofa und ein paar öden Beistelltischchen. Wegen des Wetters war es noch früher dunkel geworden als sonst. Herman saß in frischen Klamotten auf dem Sofa und schaute die Nachrichten in seinem Handy durch, das er nun endlich angestellt hatte, weil er hoffte, wenn jemand Amber entführt hatte, würde er vielleicht anrufen. Er überlegte, die Polizei zu alarmieren und Ambers Verschwinden zu melden, aber er wusste nicht, wie er die Situation erklären sollte. Wie konnte er jemandem die damit verbundenen Ereignisse verständlich machen – zum Beispiel, dass Amber aus einem abgeschlossenen Zimmer verschwunden war? Außer ihm war ja niemand im Haus gewesen, das war anhand der Überwachungskameras leicht nachzuweisen. Nein, er musste warten, bis Amber zurückkam, sonst würde man ihn sofort verdächtigen. Er musste das Buch zu Ende bringen, dann würde er alles zurückbekommen, was verschwunden war. So musste es einfach sein, sonst ergab das Ganze keinen Sinn.

Dass er in dem Bemühen, Amber zu finden, sein Handy angestellt hatte, war allerdings ein großer Fehler gewesen. Eine Flut von E-Mails und SMS war über ihn hereingebrochen, die er jetzt langsam durchsah, während er von Sekunde zu Sekunde panischer wurde. Zuerst las er die von seiner Familie: Seine Schwestern hatten jede Menge ungeduldiger, wütender, trauriger, frustrierter Nachrichten geschickt. Nichts dergleichen von seiner Mutter. »Er hat viel zu tun«, hatte sie ihn schon früher immer entschuldigt, und Herman vermutete, dass sie auch jetzt noch das Gleiche tat. Aber sie bedankte sich für Blumen, für Grüße, Geld und sonstige Geschenke, die er ihr und seinem Vater geschickt hatte – Geschenke, von denen Herman nichts wusste, aber annahm, dass Amber für sie verantwortlich war. »Es ist so lieb von dir, dass du an uns denkst, obwohl wir so weit weg sind«, lautete ihre letzte Nachricht, die Herman fast das Herz brach, weil er in Wirklichkeit kaum eine Sekunde an seine Eltern gedacht hatte.

Dann kamen die Nachrichten aus der Firma – immer dringlicher baten ihn seine Sekretärin Florrie und sein Stellvertreter Jeffrey Montgomery um Rückruf. Florrie war von Anfang an seine Sekretärin gewesen, und Jeffrey, ein junger Mann Mitte dreißig, den Herman vor acht Jahren trotz einiger Einwände aus der Belegschaft eingestellt hatte, war inzwischen sein loyalster Kollege geworden und nun in seiner Auszeit für ihn eingesprungen. Jeffreys Engagement, sein angeborener Business-Instinkt und sein unkonventionelles Denken waren ganz nach Hermans Geschmack, und er wusste, dass sein Unternehmen bei allen aktuellen und geplanten Projekten enorm von Jeffreys Detailgenauigkeit und Gründlichkeit profitierte. Doch trotz Jeffreys unzweifelhafter Kompetenz klangen die Mails und Anrufe – von denen einige ausführliche Erklärungen enthielten, während andere sich auf einen einzigen Satz beschränkten oder es sogar bei der schlichten Aufforderung, endlich zurückzurufen, bewenden ließen – immer verzweifelter.

Aber Herman konnte niemanden anrufen, nicht jetzt. In ein paar Tagen würde *Der Erlöste* fertig sein, Amber würde zurückkommen, und dann konnte er sich bestimmt auch wieder auf andere Dinge konzentrieren, endlich nach New York zurückkehren und alle Bitten und Ansprüche erfüllen. Er musste nur dieses verdammte Buch zu Ende bringen. In dieser Nacht schlief er im großen Schlafzimmer, auf Ambers Seite des Betts, im Arm Ambers T-Shirt. Er atmete ihren Duft ein, weinte und betete.

XIII

Wieder erwachte er vom Klingeln eines Handys, aber diesmal war es sein eigenes. Es klingelte, hörte auf, klingelte von Neuem. Er war mit dem Telefon in der Hand eingeschlafen, weil er gehofft hatte, Amber würde anrufen, aber im Lauf der Nacht war es ihm wohl aus der Hand gerutscht und hatte sich im Bettzeug verfangen. Er wühlte danach, aber als er es endlich aufspürte, hörte das Klingeln auf. Fluchend sprang er aus dem Bett und rannte durchs Haus, um nachzuschauen, ob Amber zurückgekommen war, und als er die Zimmer leer vorfand, schaute er aus den Fenstern, ob die Autos noch dastanden, und suchte den Horizont nach irgendeinem Zeichen von ihr ab. Erneut klingelte das Telefon.

»Ja«, meldete er sich, und seiner Stimme hörte man die Aufregung an.

»Herman«, hörte er am anderen Ende Jeffreys überraschte Stimme. »Bist du es, Herman?«

»Ja. Ja, ich bin es. Hi, Jeffrey, was kann ich für dich tun?«

»Was du für mich tun kannst? Herman, ich hab dich im Lauf des Monats tausendmal angerufen. Wo zum Teufel warst du denn?«

»Ich bin in England und kümmere mich um eine Privatangelegenheit, das weißt du doch. Ich habe Florrie gesagt, sie soll allen einschärfen, dass ich nicht erreichbar bin«, sagte er, so nüchtern er konnte, wobei er seinem Bild im Spiegel gezielt auswich, um seine wilden blutunterlaufenen Augen, seinen Zottelbart und sein allgemein ungesundes Äußeres nicht sehen zu müssen.

»Ja, das habe ich auch kapiert, als ich deine Vertretung übernommen habe, aber um uns herum gerät die ganze Welt aus den Fugen, Herman, damit komme ich ganz alleine nicht zurecht. Es müssen wichtige Entscheidungen getroffen werden. Der Vorstand …«

»Ignorier den Vorstand, die haben doch immer ein Problem mit irgendwas. Mach einfach weiter wie bisher, das kriegst du hin, Jeffrey.«

»Weiter wie bisher?«, wiederholte Jeffrey, und seine Stimme klang zittrig. »Ich kriege das nicht hin, ist dir das denn immer noch nicht klar?«, fuhr er leise fort. »Und der Vorstand hat ein Problem mit *dir*, Herman. Sie fordern ein Meeting, ganz dringend, heute noch, weil sie mit dir sprechen wollen.«

»Das ist unmöglich, ich bin in England«, fiel Herman seinem Kollegen ins Wort.

»Ich habe eine Konferenz über Skype organisiert«, entgegnete Jeffrey, jetzt mit fester Stimme. »Es findet heute statt, Herman, in gut drei Stunden. Der Vorstand kommt im Konferenzraum zusammen, und du musst ihnen sagen, dass alles in Ordnung ist. Das wollen sie von dir hören. Okay?«

Herman sah auf seine Uhr. Es war zehn Uhr vormittags, in New York also fünf Uhr früh.

»Bist du eigentlich auf dem Laufenden, was hier vorgeht? Ich habe dir jedenfalls alles geschickt, absolut alles, per Mail. Oh, und Herman, ich möchte nicht wissen, warum du es getan hast und wofür es sein soll, aber ich muss wissen, wo das Geld hingekommen ist.«

»Welches Geld?«

»Na, das Geld, Herman. Die Überweisung, die du vor ungefähr drei Stunden gemacht hast.«

»Ich habe nichts überwiesen.«

»O doch. Die Leute von HSBC in Genf irren sich bestimmt nicht.«

Herman bekam Herzklopfen, und er schaute nach oben zum Schreibzimmer.

»Wie viel Geld war das denn?«

»Herrgott, Herman, du erinnerst dich nicht, wie viel Geld du verschoben hast? Alles! Das ganze verdammte Vermögen.«

»Ich hab nichts verschoben, Jeffrey, ich habe überhaupt kein Geld überwiesen.« Jetzt schrie er. »Himmel noch mal, das ganze Vermögen! Das sind über zweihundert Millionen, warum lässt die Bank mich so viel überweisen, ohne dass ich persönlich anwesend bin? Das ist doch lächerlich!« Er begann auf und ab zu wandern. »Was ist bloß los? Da erlaubt sich doch jemand einen schlechten Scherz mit mir. Garantiert steckt da was Geschäftliches dahinter – warum bin ich nicht früher draufgekommen? Jetzt begreife ich endlich!«

»Herman, was ist los?«, fragte Jeffrey, auf einmal sehr ruhig. »Mischst du bei irgendwas mit? Denn wenn etwas faul ist, dann sag es mir, ich setze sofort die Polizei darauf an. Es geht um eine Menge Geld, Herman, weißt du«, fügte er lachend hinzu, aber seine Besorgnis war unüberhörbar.

»Nein, keine Polizei«, sagte Herman. »Ich werde das klären. Ich rufe die Überweisung zurück. In ein paar Tagen ist das Geld wieder auf dem Konto.«

»Was ist los, Herman?«, fragte Jeffrey noch einmal mit gesenkter Stimme.

»Ich kläre das alles«, versprach Herman, immer noch auf und ab wandernd.

»Okay«, meinte Jeffrey unsicher. »Dann bis nachher bei der Videokonferenz. Der Vorstand muss mit eigenen Augen sehen, dass du fit und zuversichtlich bist, Herman, und du musst ihnen sagen, dass es keinen Grund zur Panik gibt, okay?«

»Okay.« Aber Herman hörte ihm kaum noch zu, er war bereits unterwegs nach oben, schlängelte sich langsam in den zweiten Stock hinauf.

Als er die Tür öffnete, sah er den neuen Stapel auf dem Schreibtisch.

»Oh, und Herman«, fügte Jeffrey hinzu, gerade als Herman auflegen wollte. »Das mit deinem Vater tut mir wirklich sehr leid.«

XIV

»Anna Bell«, sagte Herman mit zitternder Stimme ins Telefon. »Ich bin's, Herman.«

Sie antwortete nicht, aber er hörte sie atmen.

»Ich muss mit Dad sprechen, bitte gib ihn mir, ja?«

Keine Antwort.

Er begann zu weinen. »Ich muss seine Stimme hören. Bitte hol ihn ans Telefon.«

»Du egoistischer Mistkerl«, zischte Anna Bell. Dann begann auch sie zu weinen. »Es ist zu spät. Du bist zu spät. Er ist tot«, schrie sie. Und legte auf. Herman krümmte sich zusammen und weinte noch mehr.

Irgendwann klingelte wieder sein Handy, aber er hatte keine Ahnung, wie viel Zeit vergangen war, seit er mit seiner Schwester telefoniert hatte. Er kauerte noch immer auf dem Sessel im Arbeitszimmer, und sein Magen teilte ihm mit, dass er etwas zu essen brauchte, aber schon beim Gedanken, dass etwas seine Lippen berührte, wurde Herman übel. Nach der ganzen Aufregung, die er in den letzten Wochen beim Lesen der neuen Seiten empfunden hatte, interessierte ihn das Schicksal von Edwin Grey plötzlich überhaupt nicht mehr. Er steckte viel zu tief in seinem eigenen Schlamassel, als dass ihn sonst etwas gekümmert hätte. Er wusste nur, dass die Geschichte zu Ende gebracht werden musste, den Grund dafür hatte er vergessen, aber er hatte von Anfang an dieses Ziel vor Augen gehabt, und wenn er das verlor, dann blieb ihm gar nichts mehr. Was sollte er denn sonst tun? Sein Vater war tot, jemand pfuschte in seinen Geschäftsangelegenheiten herum, seine Frau wurde vermisst, und die gesamte Einrichtung war aus seinem Haus verschwunden. Ein paar Sessel und das Essen im Kühlschrank, weiter war ihm hier nichts geblieben. Das Telefon hörte auf zu klingeln, fing aber gleich darauf wieder an. Plötzlich fiel ihm ein, dass es ja Amber sein konnte.

»Hallo«, krächzte er.

»Mr Banks, es warten alle auf Sie.«

»Was? Mit wem spreche ich denn?«

»Mit Florrie. Alles in Ordnung bei Ihnen, Herman?«

»Ja. Nein. Ich bin … mein Vater ist gestorben«, stotterte er und fing wieder an zu weinen.

»Ja, ich habe es schon gehört, und es tut mir sehr leid.« Sie senkte die Stimme. »Ich … normalerweise würde ich das Meeting absagen, das wissen Sie ja, Herman, aber die warten alle auf Sie. Es herrscht hier eine unglaublich gespannte Stimmung, seit Sie weg sind, es ist … na ja, die sitzen seit zwanzig Minuten hier und werden allmählich … na, Sie kennen sie ja.« Flüsternd fügte sie noch hinzu: »Die wollen Ihnen an den Kragen, Herman, also reißen Sie sich bitte zusammen, okay?«

»Das Meeting. Ja, natürlich«, sagte er, wischte sich die

Augen trocken und richtete sich auf. »Florrie, haben Sie zufällig etwas von Amber gehört?«

»Amber? Nein. Aber ihre Mutter hat mich die letzten Tage ständig angerufen und nach ihr gefragt. Ist alles in Ordnung?«

»Ja, ja.« Er nahm sich zusammen. »Stellen Sie mich in den Konferenzraum durch.«

»Die wollen Sie auf dem Bildschirm sehen, Herman, unbedingt. Haben Sie Ihren Laptop an?«

»Meinen Laptop? Nein, ich hab eine Schreib- … Moment«, er zog die Schublade auf, in die er bei seiner Ankunft den Laptop verbannt hatte, und stellte ihn auf den Tisch.

Florrie führte ihn durchs Set-up, und ohne weiter nachzudenken, starrte Herman in die kleine Kamera. Er dachte an Amber, er dachte an seinen Vater, er dachte, dass er am liebsten wieder mit seiner Frau in New York wäre und nicht hier in diesem kalten, leeren Haus, in dem er sich verloren und allein fühlte, voller Angst, was hinter der nächsten Ecke lauerte.

»Äh, Herman«, hörte er dann plötzlich Jeffreys Stimme, und als er auf den Bildschirm blickte, sah er lauter Männer, die um einen Tisch saßen und ihn anstarrten. »Entschuldigung, sind Sie das, Herman? Ich bin nicht sicher, ob wir die richtige Verbindung haben«, meinte Jeffrey, und auf einmal blockierte Jeffreys Rücken Hermans Kamera.

»Bei Skype gibt es keine falschen Verbindungen«, blaffte jemand, und Herman erkannte die Stimme von Stanley Mancini.

»Na, ich weiß nicht, Leute, aber ich fürchte, genau das ist

passiert«, beharrte Jeffrey und versuchte mit seiner lockeren Art, Zeit zu schinden.

»Nein, nein, das ist Herman«, warf ein anderer ein. »Gehen Sie aus dem Weg, Jeffrey, wir wollen ihn sehen. Herman, sind Sie das? Herr des Himmels, seht ihn euch an!«

Herman blickte auf und aus dem Fenster, wo er ein vertrautes Auto näher kommen sah. Sein Herz wurde schwer. Er stand auf, verließ das Zimmer, während hinter ihm der Vorstand seines Unternehmens mit Jeffrey diskutierte und Fragen auf Hermans Rücken abfeuerte.

Unruhig wartete Herman unten, und als DCI Barrie, begleitet von DS Jones, auf die Klingel drückte, geriet er endgültig in Panik. Er konnte die Silhouetten der beiden durch das Fenster in der Tür erkennen und wusste nicht, was er tun sollte. Nur noch eine Nacht, mehr brauchte er nicht. Noch eine Nacht, dann war das Buch bestimmt fertig, und alles würde wieder sein wie vorher. Und wenn Amber nicht wiederkam, würde er sie als vermisst melden, er würde sagen, dass er sich erst jetzt rührte, weil er gedacht hatte, sie wäre mit einem anderen Mann durchgebrannt, sie hatte so etwas in der Vergangenheit ja schon einmal gemacht. Das würde er sagen. Er brauchte nur noch eine Nacht. Aber sie standen vor seiner Tür. Jetzt. Direkt vor seiner Tür.

Er ging zum Waschbecken, spritzte sich Wasser ins Gesicht, ging zur Tür und öffnete sie.

DCI Barrie stutzte, als sie ihn sah.

»Hallo, Mr Banks«, sagte sie und blickte ihm unverwandt in die Augen, während DS Jones seine Kleidung musterte. »Sie erinnern sich sicher an uns – ich bin DCI Barrie, und das hier ist mein Sergeant Freitag, also wenn ich Inspector Robinson wäre, sozusagen. Wir waren vor einiger Zeit schon mal hier, um das Geheimnis der Uhr zu erforschen«, grinste sie. »Ist sie inzwischen wieder aufgetaucht?«

»Nein, keine Spur. Aber danke für Ihre Unterstützung. Wir haben überall im Haus Überwachungskameras anbringen lassen, das dürfte die Einbrecher von nun an abschrecken.«

»Würde es Ihnen etwas ausmachen, wenn wir kurz reinkommen? Hier draußen ist es ein bisschen ungemütlich. Soll aber noch schlimmer werden«, fügte sie hinzu und schauderte.

Da ihm keine Ausrede einfiel, machte Herman die Tür weiter auf und ging den Korridor zur Küche hinunter, dem einzigen Raum, in dem noch die meisten Möbel vorhanden waren.

Schockiert nahmen DCI Barrie und DS Jones den Korridor und die abzweigenden Zimmer zur Kenntnis. »Himmel. Renovieren Sie gerade?«, fragte Barrie.

Herman schüttelte den Kopf.

»Es kommt mir so vor, als hätten Sie wesentlich weniger Mobiliar als bei unserem ersten Besuch.«

»Ja, stimmt.« Er sah sich traurig um.

»Ist Mrs Banks auch da?«, fragte Barrie, zog einen Küchenstuhl heran und ließ sich langsam darauf nieder.

»Nein.«

»Wissen Sie, wo sie ist?«

»Einkaufen. In der Stadt.«

»Wann ist sie denn weggegangen?«

»Heute Morgen.«

»Sind Sie sicher?«

Herman legte den Finger an die Nase und dachte angestrengt nach. »Nein. Sie haben völlig recht. Es war gestern.«

»Und ist sie zwischendurch heimgekommen?«

»Nein. Sie ist noch nicht wieder zurück.« Er schaute auf sein Handgelenk, um zu sehen, wie spät es war, aber da war keine Uhr. Er hatte noch gar nicht gemerkt, dass auch diese weg war. Er seufzte. »Ich hoffe, sie kommt bald.«

»Wer hat sie denn in die Stadt gebracht? In der Auffahrt stehen zwei Autos.«

»Ich … ich weiß nicht.«

»Aha.«

Herman schaute aus dem Fenster. »Ich weiß nicht, mit wem sie gefahren ist, Detective. Aber ich habe das Gefühl, es war ein Mann. Gestern habe ich sie mit einem Mann gesehen. Oder war es vorgestern?« Er rieb sich verwirrt die Augen.

»War das vielleicht Dr. Barnsley?«

»Ja, tatsächlich!« Er sah die Polizistin überrascht an. »Kennen Sie ihn?«

»Wir haben mit ihm gesprochen. Ihre Frau hatte gestern einen Termin bei ihm, aber sie ist nicht aufgetaucht und hat sich auch nicht gemeldet. Er hat uns von Ihrer … Ihrer Verwirrung hinsichtlich seiner Person berichtet. Genau genommen war er es, der uns angerufen hat, er macht sich nämlich Sorgen. Amber wollte sich auch mit einer gewissen Helen Jones treffen, wohlgemerkt keine Verwandte von unserem Maxwell hier. Sie arbeitet in der St.-Dymphna-Klinik in Bath. Die beiden Damen waren heute zum Kaffee verabredet. Aber Helen Jones hat auch nichts von Amber gehört.«

»Woher wissen Sie das eigentlich alles?«, wollte Herman wissen.

»Ihre Frau ist seit zwei Tagen verschwunden, Mr Banks«, erklärte DCI Barrie. »Wir haben mit ihrer Familie gesprochen, die sehr beunruhigt ist, denn seit einer Woche hat niemand etwas von ihr gehört.«

»Sie haben mit Ambers Familie gesprochen?«

»Sie machen sich große Sorgen.«

Herman begann, in der Küche auf und ab zu wandern.

»Warum haben Sie uns denn nicht Bescheid gesagt? Warum haben Sie die Polizei nicht über das Verschwinden Ihrer Frau in Kenntnis gesetzt, Mr Banks?«

»Weil ich nicht dachte …« Er begann zu weinen, nahm sich aber schnell wieder zusammen. »Ich habe nicht gedacht, dass sie verschwunden ist. Ich dachte, sie hätte mich verlassen. Deshalb habe ich die Polizei nicht verständigt. Sind Sie jetzt zufrieden? Ich hatte Angst, Amber wäre mit einem anderen Mann durchgebrannt.«

»Haben Sie denn Grund zu der Annahme, dass sie sich mit einem anderen Mann eingelassen hat?«, fragte DCI Barrie etwas sanfter.

»Das hat sie jedenfalls schon mal getan. Vor ein paar Monaten. Mit diesem abscheulichen Trainer, seinen Namen weiß ich nicht. Und dann war da dieser Mann im Dorf, mit dem ich sie gesehen habe.«

»Dr. Barnsley.«

»Ja, der.«

»Er ist ihr Therapeut. Sie war in letzter Zeit zweimal pro Woche bei ihm.«

»Ihr Therapeut?« Herman blieb abrupt stehen.

»Ja, anscheinend war Mrs Banks wegen einiger Dinge, die in ihrem Leben passiert sind, ziemlich verzweifelt.« DCI Barrie blickte in dem leeren Haus umher. »Hatten Sie vorletzte Nacht Streit mit Ihrer Frau?«

Die Frage brachte Herman aus dem Konzept. »Wie bitte? Nein. Warum?«

»Wir haben eine Zeugin, die sagt, sie hätte einen ziemlich heftigen Streit zwischen Ihnen und Ihrer Frau gehört.«

»Ja, aber ... das war doch nur ein Streit ... es war ja nichts ...«

»Können Sie mir sagen, worum es ging?«

»Um normale Dinge, über die verheiratete Leute sich streiten«, antwortete er gestikulierend. »Meine Frau war ein bisschen ... sie hat sich hier ein bisschen gelangweilt, weiter nichts.«

»Und Sie haben uns gesagt, dass Sie glaubten, Ihre Frau hätte eine Affäre. Haben Sie ihr das vielleicht in dem Streit vorgehalten?«

»Nein«, antwortete Herman rasch, aber die Blicke der beiden Polizisten stimmten ihn um. »Na ja, eigentlich schon, aber ...«

»Haben Sie Ihre Frau in dieser Nacht misshandelt, Mr Banks, sind Sie ihr körperlich zu nahe getreten?«

»Nein, ich ... ich habe eine Lampe zerbrochen, vielleicht hat das Glas ... ich war wütend, aber ich würde Amber nie wehtun, ich würde nie die Hand gegen sie erheben.«

DCI Barrie sah ihn an, und sie wussten beide, dass er log, denn die Polizistin hatte bei ihrem ersten Besuch Ambers lädiertes Handgelenk gesehen. Herman wandte hastig den Blick ab. »Hören Sie, es gefällt mir nicht, wie sich dieses Gespräch entwickelt, und wenn Sie sich noch weiter auf diese Art mit mir unterhalten wollen, dann bestehe ich auf einem Anwalt. Ich werde mich in meinem eigenen Haus nicht von Ihnen verhören lassen.«

Die beiden Polizisten standen auf. »Wir wollen Ihnen nur helfen, Ihre Frau zu finden, Mr Banks. Sie ist seit sechsunddreißig Stunden verschwunden, und es gibt keine Spur von ihr. Wenn Ihnen noch irgendetwas Hilfreiches einfällt, was Sie uns noch sagen wollen, hier ist meine Karte, zum zweiten Mal. Und ich schlage vor, Sie nehmen sich tatsächlich einen Anwalt, Mr Banks.« Barrie drückte ihm ihre Karte in die Hand und watschelte hinter DS Jones zur Tür.

Als sie mit Maxwells Hilfe eingestiegen war und er den Motor anließ, meinte DCI Barrie: »Wir brauchen einen Durchsuchungsbefehl.«

»Wird sofort erledigt«, erwiderte er und holte sein Handy aus der Tasche. Plötzlich zuckte sie zusammen und umklammerte ihren Bauch. »Ist es so weit?«, fragte Jones, brach das Gespräch ab und sah seine Kollegin besorgt an. »Haben Sie Ihre Tasche im Kofferraum?«

»Das war bloß ein kleiner Fußtritt, alter Warmduscher«, blaffte sie ihn an. »Jetzt besorg uns gefälligst den Durchsuchungsbefehl.«

XV

Draußen tobte der Sturm, im Haus war es kalt, denn der Strom war ausgefallen. Völlig verängstigt hatte Herman sich im Bett verkrochen, wo er sich an Ambers T-Shirt festhielt. Was passiert war, machte ihm Angst, und ihm graute vor dem, was ihm noch bevorstehen mochte, ihm graute vor dem, was aus ihm geworden war, und er betete darum, dass alles einfach zu Ende wäre und Amber endlich zu ihm zurückkehren konnte. Dann würde die Polizei sehen, dass er ihr nichts getan hatte, dass er ihr nie etwas antun würde, dass er sie mehr liebte als alles auf der Welt. Er hatte sich lediglich eine Weile verirrt, hatte vergessen, in welcher Welt er lebte. Wenn die beiden Polizisten morgen zurückkamen – was bestimmt der Fall sein würde, da war er ganz sicher –, würde hier alles wieder normal sein, die Einrichtung komplett an Ort und Stelle, und vor allem würde Amber bei ihm sein.

Plötzlich kam ihm ein Gedanke. Er war noch nie nachts, wenn an seinem Roman gearbeitet wurde, im Schreibzimmer gewesen. Vielleicht ließ derjenige, der dort saß und schrieb, mit sich reden, vielleicht ließ er sich dazu bewegen, ihm Amber zurückzugeben. Geld kümmerte Herman nicht mehr. Draußen heulte der Wind, die Türen klapperten. Herman entriegelte die Schlafzimmertür und stieg die Treppe hinauf.

Auf einmal hörte er die Schreibmaschine. TAP TAP TAP. Wie angewurzelt blieb er stehen. TAP TAP TAP. Da oben war tatsächlich jemand! Ein heftiger Luftzug fegte durchs Haus, und Herman fröstelte vor Angst und Kälte. Dann hatte er den Treppenabsatz erreicht und sah, dass die Tür zum Arbeitszimmer einen Spalt offen stand, aber als er sie weiter aufmachen wollte, knallte sie vor seiner Nase zu, und er wich mit einem Schreckensschrei zurück.

»Wer ist da drin? Wer bist du?«

Stille. Und dann wieder: TAP TAP TAP.

»Ich will dich sehen!«, rief Herman.

Keine Antwort kam, doch das Tippen ging weiter und wurde schneller. Wieder streckte Herman die Hand nach dem Türgriff aus, und wieder öffnete sich die Tür einen Spalt. Aber durch den Spalt kam ein fürchterlicher Wind, so, als hätte jemand vergessen, das Fenster im Schreibzimmer zu schließen. Wieder versuchte Herman, die Tür zu öffnen, kämpfte gegen die Gewalt des Winds, doch obwohl er ein kräftiger Mann war, blieb der Wind Sieger. Aber nun konnte Herman den Stuhl am Schreibtisch sehen, und wenn er es schaffte, die Tür nur ein kleines Stückchen weiter aufzustoßen, würde er sehen können, wer darauf saß. So warf er sich noch einmal gegen die Tür, tat es für Amber, tat es für die Liebe seines Vaters, drückte mit aller Kraft – und auf einmal gab die Tür nach. Und er sah den leeren Stuhl, sah die Schreibmaschine, sah die Tasten sich ganz von allein bewegen, auf und ab, TAP TAP TAP. Er trat ins Zimmer, und plötzlich schwoll das Geräusch an, wild und grausam, wurde so laut, dass Herman sich die Ohren zuhalten musste. Hektisch wandte er sich um, und plötzlich gerieten sämtliche Schreibmaschinen auf den Regalen in Bewegung, auf und ab klapperten die Tasten, rasend schnell. Der Lärm war unerträglich.

Dann erhob sich ein mächtiger Wind, und Herman fühlte eine Kälte, wie er sie nie gekannt hatte, eine Kälte, die ihm nicht nur durch Mark und Bein ging, sondern mitten in die Seele fuhr. Er fühlte einen Schlag auf den Kopf, fühlte Hände, die sich um seinen Hals legten, die seinen Körper, sein Gesicht umklammerten, enger und immer enger, bis er nicht mehr atmen und sich nicht mehr auf den Beinen halten konnte. Krachend fiel die Tür hinter ihm ins Schloss, und er stürzte zu Boden.

Am folgenden Morgen steuerte DS Jones den kurvigen Weg zu *Burns' Estate* hinauf, neben sich DCI Barrie, die den Durchsuchungsbefehl fest in der Hand hielt. Zwei Streifenwagen folgten ihnen zur Verstärkung.

Als das Haus in Sicht kam, seufzte DCI Barrie tief.

»Ist es so weit?«, fragte DS Jones sofort und warf ihr einen hastigen Blick zu. »Diesmal kriegen Sie es bitte nicht im Auto.«

»Du hast doch einen neuen Wagen bekommen, oder etwa nicht?«, fauchte sie.

Er schmollte.

Sie seufzte erneut und erklärte: »Es sind bloß die reichen Leute, Maxwell.«

»Was ist denn mit ihnen?«

»Sie faszinieren mich irgendwie.«

»Mich faszinieren sie nicht«, entgegnete er.

»Vielleicht deshalb, weil sie eigentlich gar nicht so faszinierend sind.«

Maxwell verdrehte die Augen.

»Angeblich haben die doch alles. Aber sie sind trotzdem nicht zufrieden, und das lässt mir keine Ruhe. Wenn *ich* so viel Geld hätte wie dieser Banks, wäre ich jedenfalls zufrieden«, erklärte sie, rieb sich den Bauch und fühlte wieder das Strampeln ihres Babys. »Aber die Reichen wissen einfach nicht zu schätzen, was sie haben. Was das wert ist.«

»Aber es sind nicht alle so. Ich hab einen reichen Onkel«, wandte Maxwell ein. »Der ist nett.«

»Schenkt er dir immer was Tolles zu Weihnachten?«

»Letztes Jahr habe ich ein iPad gekriegt.«

DCI Barrie sah ihn beeindruckt an. »Dann irre ich mich wohl. Aber ich hoffe, wir finden Banks' Frau nicht hier. Ich hoffe, ihr Ehemann hatte recht mit seinem Verdacht.«

»Obwohl Sie ihm kein Wort geglaubt haben.«

»Stimmt. Aber ich hoffe, Mrs Banks ist wirklich mit einem anderen Mann durchgebrannt. Ich hoffe, sie ist irgendwo, wo es schön warm ist, und hat Sex mit einem hübschen Kerl in ihrem Alter.«

Maxwell grinste. »Also wirklich – immer wollen Sie ein Happy End.«

»Nur schade, dass ich nicht daran glaube.« Sie schnitt eine Grimasse und rutschte unbehaglich auf ihrem Sitz herum.

Als DCI Barrie und DS Jones an der Haustür klingelten, rührte sich nichts. Sie warteten eine Weile, dann riefen sie die Verstärkung herbei und brachen die Tür auf. Sie hatten erwartet, Herman Banks hier irgendwo zu finden, aber zu ihrer Überraschung war das Haus vollkommen leer. Der einzige Hinweis auf Amber und Herman Banks' Existenz war ein fertiggestelltes Manuskript, das auf dem Schreibtisch in Gregory Burns' Arbeitszimmer lag. *Der Erlöste* von Herman Banks. Sein erster und letzter Roman, bevor er und seine Frau auf tragische Weise verschwanden.

Edwin Grey hielt das Messer ein Stück von sich weg, denn das Blut tropfte auf seine Kleider und auf den Boden, sodass sich eine Spur die ganze Straße entlangzog. Im hellen Licht des Tages schritt er auf sein Haus zu; die Frauen stießen entsetzte Schreckensschreie aus, als sie ihn erblickten, die Männer zogen sie fürsorglich aus dem Weg, aber Edwin war glücklicher, als er es jemals gewesen war. Er fühlte sich kraftvoll, fühlte sich wie ein echter Mann, ein Vater, ein Beschützer, fühlte sich seltsam erlöst. Langsam öffnete er das Gartentor. Als Abigail ihm die Tür öffnete und sein Gesicht und seine blutbesudelten Kleider sah, erschrak sie zu Tode. Im Wohnzimmer warteten seine Mutter und seine Tochter auf ihn.

Mit einem Lächeln betrachtete seine Mutter seine Kleider und den bluttriefenden Dolch in seiner Hand.

»Das ist mein Sohn.«

»Dein Sohn?« Überrascht sah Margaret ihre Großmutter an.

»Ja, und dein Vater. Er hat etwas Schreckliches getan, und man hat ihn dafür eingesperrt, aber er ist zurückgekommen, um für dich Gutes zu tun, Liebes.«

»Ist er der Mann, von dem du gesagt hast, er würde mir das Leben retten?«

Sie nickte, und Margaret sah ihn an, mit ihren großen blauen Augen, ängstlich und dankbar zugleich.

»Danke, Vater«, flüsterte sie.

Er fiel auf die Knie, und sie rannte zu ihm. Vater und Tochter hielten sich in den Armen.

Dann kamen sie, um ihn zu holen. Und es war schlimmer, als es jemals gewesen war.

Solange du mich siehst

Aus dem Englischen
von Christine Strüh und Barbara Christ

Für meine gute Fee-Patin Sarah Kelly

Im Lächeln der Erinnerung

»So ein schöner Tag«, sagt sie. Er geht pfeifend neben ihr her, und sie summt leise mit – eine Melodie, die sie gestern Abend in der Bar auf dem Klavier gehört haben und die ihnen jetzt im Kopf herumflattert wie ein Schmetterling im Marmeladenglas. Ihre Hand liegt fest in seiner, die so groß ist, dass ihre ganz darin verschwindet, und wenn man sie so sieht, könnte man sie fast für ein kleines Mädchen halten. Aber das ist sie nicht, sie ist die schönste Frau, die er jemals gesehen, jemals berührt, jemals gerochen hat. Als er ihr das sagt, lächelt sie, und obwohl sie es an diesem Morgen sicher schon ein Dutzend Mal gehört hat, wird es ihr nicht langweilig, im Gegenteil, bei jedem Kompliment strahlt sie noch ein bisschen mehr. Er schaut sie an, wie die Sonne auf ihren blonden Haaren schimmert und sie ganz zum Leuchten bringt, als wäre sie ein Engel. Hand in Hand überqueren sie den Merrion Square und lauschen dem fröhlichen Kinderlärm, den der Wind vom nahe gelegenen Spielplatz herüberträgt.

Auf einmal landet ein Stock direkt vor ihren Füßen, und sie stößt einen leisen Schrei aus. Aber dann fängt sie an zu lachen, und er neckt sie, weil sie so schreckhaft ist. Ein wenig verlegen lässt sie den Kopf für einen Moment an seiner Schulter ruhen, und der Duft ihres Shampoos steigt ihm in die Nase. Wasserlilie. »Ich bin manchmal ganz schön albern«, sagt sie. Doch das lässt er nicht gelten: Sie ist die am wenigsten alberne Frau, die er jemals gesehen, jemals berührt, jemals gerochen hat. Und wieder freut sie sich über sein Kompliment. In diesem Moment rennt ein Hund auf sie zu, ein großer blonder Labrador, so tollpatschig, als gehörten seine Pfoten gar nicht richtig zu ihm oder als hätte er viel zu große Schuhe an. Er stürzt sich auf den Stock, nimmt ihn ins Maul, macht kehrt und saust sofort wieder in die Richtung, aus der er gekommen ist. Sie drehen sich um und schauen ihm nach, wie er zu seinem Herrchen zurückrennt. Eifrig, pflichtbewusst. Der Hundebesitzer winkt entschuldigend zu ihnen herüber. »Kein Problem«, ruft sie. »So ein schöner Tag heute, nicht wahr?«, fügt sie hinzu, und der Mann gibt ihr recht. Alle sind dieser Meinung.

Langsam gehen sie weiter. Die Luft ist erfüllt von Julidüften, es grünt und blüht, und seine Nase fängt an zu jucken. Sie weiß, dass er Heuschnupfen hat, und obwohl er heute noch kein einziges Mal geniest hat, drückt sie ihm schnell ein Taschentuch in die Hand. So gut kennt sie ihn. Er nimmt das weiße Taschentuch mit den eingestickten rosa Initialen entgegen, ein Geschenk ihrer Mutter. Nachdem er sich ordentlich die Nase geputzt hat, gibt er es ihr mit großer Geste zurück. Wieder lacht sie. Die Lachfalten um ihren Mund erinnern ihn an die kleinen Wellen, die sich auf einem See ausbreiten, wenn man einen Stein hineinwirft. Leicht, fließend, natürlich. Wunderschön.

Er ist weder Arzt noch Wissenschaftler, und obwohl ein paar Leute denken, er sei Psychologe, ist auch das nicht korrekt. Er ist einfach ein Mann, der geliebt und eine Menge Erfahrung gesammelt hat, nicht nur für das, was er jetzt tut und wodurch er weltbekannt geworden ist, sondern für sein ganzes Leben.

Im Keller eines georgianischen Hauses am Fitzwilliam Square ist das futuristische Gerät in historischer Kulisse untergebracht. Trotz der großen Fenster sind die Räume dunkel, die Möbel fühlen sich kalt und feucht an, obgleich ständig die Heizung läuft, und die Klienten des Mannes sind häufig überrascht, wenn sie zum ersten Mal herkommen. Zwar wissen sie nicht genau, was sie erwartet haben, aber ganz bestimmt nicht das, was sie hier vor sich sehen.

Einige Leute verehren den Mann, aber die meisten ärgern sich über ihn, weil sie meinen, dass er mit etwas herumpfuscht, was ihnen in der Welt am natürlichsten erscheint – mit den Gedanken, dem Gedächtnis. Und was verursacht nun diese weltweite Debatte, was bringt die Menschen dazu, ihn entweder zu bewundern oder zu verfluchen?

Verantwortlich dafür ist ein Apparat, eine Maschine. Allgemein wird das Gerät als Erinnerungsgenerator bezeichnet, aber so würde der Mann es niemals nennen. Die Maschine erschafft ja keine Erinnerungen, das können nur die Gedanken, die Fantasie – seiner Meinung nach ist sogar das Herz noch wesentlich mehr beteiligt, aber darauf möchte er nicht näher eingehen –, und erst wenn die Gedanken eine Erinnerung erzeugt haben, speichert die Maschine sie in den Gedächtniskarteien ab, als wären sie ebenso real, authentisch und unvergesslich wie alles andere, was dort aufbewahrt wird. Die neuen Erinnerungen sind Erinnerungen, die der betreffende Mensch sich wünscht – Erinnerungen, die er vielleicht schon vergessen hat und auffrischen muss, und vielleicht hat er sogar schon vergeblich versucht, sie nachzubilden. Die Gedanken erschaffen die Erinnerungen ja selbst immer wieder neu. Damit sie überleben. Und der Apparat hat auch seinem Erfinder geholfen zu überleben. Mehr noch: ihn am Leben gehalten. Ihm einen Lebenssinn gegeben. Den er nicht mehr hatte.

Genau genommen hat er die Erfindung dem Zufall zu verdanken. Entgegen der allgemeinen Überzeugung hat er nicht jahrelang an dem Apparat herumexperimentiert und -getüftelt, weil er nach einer Methode gesucht hat, um seine Vergangenheit hinter sich lassen zu können, diese große Traurigkeit, über die er mit niemandem spricht. Und er glaubt auch nicht, dass ihn das Schicksal dorthin geführt hat, wo er jetzt ist. Er glaubt nicht an das Schicksal. Zufälle passieren, manchmal gute, manchmal schlechte, Unfälle oder Glücksfälle. Es war auch Zufall, dass er, als er zu Hause mit seinen Drähten und Geräten herumgespielt hat, eine Methode gefunden hat, wie der Apparat das Hirn dazu bringen kann, Erinnerungen zu erschaffen. Ein Zufall, weiter nichts. Aber natürlich ein günstiger Zufall. Die meisten Zufälle sind ja leider eher Unfälle.

Inzwischen hat er die Maschine perfektioniert, und es strömen Menschen herbei, aus aller Herren Länder, erschöpfte, verzweifelte Seelen, die Frieden suchen.

Wenn ein Journalist vor ihm sitzt, erkennt der Mann das sofort. Er sieht es an ihren Blicken. Zwar erkennt er darin wie bei seinen normalen Klienten, dass sie sich etwas wünschen, aber es ist die falsche Art von Wunsch. Diese Menschen sind gierig. Obwohl es auch solche gibt, die in der Absicht zu ihm kommen, etwas Positives über seine Maschine und über ihn zu schreiben, weiß er doch, dass die meisten es darauf abgesehen haben, sein Werk zu zerstören. Diese Leute verstehen nicht, was er erschaffen hat, viele fürchten sich auch davor, aber die meisten sind einfach zu zynisch, um sich der Schönheit seiner Erfindung zu öffnen. Dem Mann ist das im Grunde vollkommen gleichgültig. Er durchschaut die Menschen, sobald sie durch seine Tür treten und sich fragend umsehen – ihre Augen durchsuchen ihn und sein Haus und seine Maschine wie bei einem Verhör. Ihr Besuch hat nicht den Zweck, etwas zu lernen oder sich weiterzuentwickeln – obwohl sie das alle gebrauchen könnten. Denn warum sollten sie einen solchen Hass auf Dinge hegen, die gar nichts mit ihnen zu tun haben?

Der Mann ist bekannt dafür, dass er sehr heikel ist, was seine Klienten angeht, dass er Termine kurzfristig absagt, dass er manchmal jemanden spontan wegschickt, wenn er ihn sieht, dass er eifrigen Besuchern die Tür vor der Nase zuschlägt. Er spürt es, wenn jemand nicht ehrlich zu ihm ist, wenn jemand nur aus Neugier kommt, wenn jemand ihn ausfragen, imitieren oder vernichten will. Er möchte seine Erfindung mit niemandem teilen. Er möchte nicht, dass jemand sie missbraucht. Er heißt Menschen von überallher willkommen – die Trauernden, die Kranken, die Verlorenen, gelegentlich auch mal eine herumirrende Seele.

Vor ein paar Jahren wurde ihm plötzlich klar, dass er bekannt geworden war. Die Existenz des Apparats hatte sich herumgesprochen, über seinen Erfinder waren Gerüchte im Umlauf, es waren Zeitungsartikel erschienen: Erfahrungsberichte von Klienten, Spekulationen von anderen, die keinen Fuß über seine Schwelle gesetzt hatten. Dass man seine Arbeit auf eine Modeerscheinung reduzierte, machte ihn so wütend, dass er erst mal niemanden mehr sehen wollte, doch anscheinend gewann er dadurch, dass er sich zurückzog, nur noch mehr Anhänger. Die Warteschlange war so lang wie die Griffith Avenue, jeden Tag trafen Dutzende von Briefen ein, mehr, als er bewältigen konnte. Widerwillig zog er einen Schlussstrich unter sein einsiedlerisches Leben und heuerte eine Assistentin an, ein Mädchen, das sich Judith nannte, obwohl der Mann bezweifelte, dass sie wirklich so hieß. Es war ein Zufall, ganz klar, nicht mehr und nicht weniger … sie konnte es ja nicht wissen … und dennoch …

Er hatte sie auf der Parliament Street getroffen – hinter sich das Rathaus mit seinen drei Fassaden aus Portland-Stein, vor sich die Liffey und die Four Courts –, als er wieder einmal zu einem Gerichtstermin unterwegs war. Es kam öfter vor, dass man ihn zwingen wollte, seine Arbeit aufzugeben, und inzwischen vertrat er sich bei den Prozessen selbst, was ihm dank seiner früheren Tätigkeit nicht schwerfiel. Und da sah er sie. Judith. Sie saß auf der Straße, in eine braune Decke gewickelt, die dunkelbraunen Haare fettig und angeklatscht, das Gesicht so voller Sommersprossen, als hätte jeder vorbeigehende Schuh sie mit Schmutz bespritzt. Nicht einmal einen Schirm hatte sie. Der nasse kalte Boden war glitschig unter den Füßen der Passanten, aber sie schien auf dem einzigen trockenen Fleckchen Gehweg von ganz Dublin zu sitzen.

Er blieb neben ihr stehen.

Sie blickte auf.

»Möchtest du meinen Schirm haben?«

»Dann werden Sie doch nass.«

»Du wirst jetzt schon nass.«

»Der Schirm gehört ja auch nicht mir.«

»Ich schenke ihn dir.«

»Aber dann werden Sie nass.«

»Ich kaufe mir einen neuen. In dem Laden hier.«

Kurz entschlossen marschierte er in den Laden, vor dem sie saß, und kaufte sich einen neuen Schirm. Braun karierte Kunstfaser mit Holzgriff, ein billiges Ding, das aussah, als würde es beim nächsten Windstoß umklappen.

»Hier.«

Er gab ihr seinen Schirm, einen großen schwarzen Seidenschirm mit einem Griff aus Sterlingsilber. Ein edles Stück, das er von der Person geschenkt bekommen hatte, über die er nie sprach. An die er kaum denken konnte. Er überlegte es sich nicht zweimal, ob er den Schirm wirklich verschenken wollte. Allerdings zerbrach er sich lange den Kopf darüber, warum er es sich nicht zweimal überlegte. Das fand er interessant, und er fragte sich, ob seine Wunden nach der ganzen langen Zeit nun vielleicht doch verheilt waren. Aber dann dachte er an ihr Gesicht und ihren Geruch und wie sie sich angefühlt hatte, und sein Herz krampfte sich zusammen. Da wusste er, dass die Erinnerung an sie noch genauso schmerzte wie am ersten Tag. Nur verschenkte er ja nicht sie, sondern nur einen Schirm.

»Das ist Ihr Schirm.«

»Na ja, eigentlich sind beides meine Schirme.«

»Warum geben Sie mir nicht lieber den neuen?«

»Warum sollte ich?«

»Weil der andere Schirm viel zu fein für mich ist.«

»Aber ich hab ihn dir angeboten.«

»Aber ich nehme genauso gern den karierten.«

»Nett von dir, aber ich bin ein Mensch, der zu seinem Wort steht.«

Sie strich vorsichtig über den Silbergriff. In ihrer kleinen Hand wirkte er riesig.

»Wie heißt du eigentlich?«

Nach einer langen Pause antwortete sie: »Judith.«

Ein Zufall. Nur ein Zufall. Kein Zeichen. So etwas gab es nicht.

»Na, dann wünsche ich dir noch einen schönen Tag, J…« Er brachte den Namen nicht über die Lippen. So weit war er noch lange nicht.

An diesem Tag argumentierte er vor Gericht, dass wenn ihm seine Arbeit verboten würde, auch Hypnotiseure, Psychologen und alle alternativen Heiler ihre Praxen schließen müssten, und zwar aus denselben Gründen, die man gegen ihn ins Feld führte. Ausführlich stellte er die Freud'sche Theorie des Unterbewussten, der Verdrängung samt allen anderen Abwehrmechanismen, der Übertragung und letztlich die gesamte psychoanalytische Methode infrage, und machte geltend, dass er doch nichts anderes – und schon gar nichts Schlimmeres – tat als all die von ihm erwähnten anerkannten Berufssparten und die Gedanken seiner Klienten ganz sicher nicht stärker beeinflusste als diese. Dass die Klage gegen ihn daraufhin tatsächlich abgewiesen wurde, erfuhr er allerdings erst am nächsten Tag.

An dem er erneut die Parliament Street entlangkam. Er hatte nicht vor, das Mädchen zu suchen – obwohl er die ganze Nacht an sie gedacht hatte –, nein, sein Weg zum Gericht führte ihn immer hier vorbei.

Er blieb neben ihr stehen. Sie blickte auf.

»Hast du deinen Schirm vergessen?«, fragte er.

»Meinen Sie Ihren Schirm?«

»Ich hab ihn dir geschenkt, also ist er nicht mehr mein Schirm.«

»Na ja, mir gehört er aber auch nicht mehr. Ich hab ihn verkauft.«

Offensichtlich tat es ihr nicht leid, und er fand das vollkommen in Ordnung.

»Sind Sie nicht sauer?«

»Ich hab dir den Schirm geschenkt, also gehört er dir, und du kannst damit machen, was du willst. Wie viel hast du für ihn gekriegt?«

»Einen Halfpenny.«

Er schüttelte den Kopf.

»Aber Sie sagten, ich könnte damit machen, was ich möchte«, sagte sie abwehrend.

»Er war viel mehr wert.«

Sie zuckte die Achseln.

»Tja, aber ich hab grade einen Halfpenny gebraucht.«

Sie braucht wesentlich mehr, dachte er.

»Du hast ja gar keine Tasse«, stellte er fest.

»Keine was?«

»Keine Tasse. Zum Betteln.«

»Ich bettle ja auch nicht.«

»Was machst du dann?«

»Ich sitze einfach hier herum.«

»Geben die Leute dir Geld?«

»Manchmal.«

»Möchtest du für mich arbeiten?«

»Arbeiten? Was denn?«

»Büroarbeit. Post aufmachen, Briefe lesen, Termine vereinbaren, solche Dinge.«

»Warum?«

»Wie meinst du das?«

»Warum bieten Sie mir Arbeit an?«

»Warum nicht?«

Sie zuckte die Achseln.

»Wenn du meinst, ich sollte dir lieber keine Arbeit anbieten, dann sei bitte so gut und sag mir den Grund.«

Sie machte ein nachdenkliches Gesicht, dann musterte sie ihn noch einmal von oben bis unten. Allmählich begann er zu ahnen, wie ihr bisheriges Leben ausgesehen hatte. »Was muss ich dafür tun?«, fragte sie argwöhnisch.

»Nichts. Nur das, was ich dir gerade gesagt habe.«

Wieder betrachtete sie ihn lange und eindringlich. Auf einmal sah sie älter aus, und es kam ihm vor, als rufe sie in Gedanken Erinnerungen an früher ab – Erfahrungen, aus denen sie gelernt hatte, Entscheidungen zu treffen.

»Einverstanden.«

Und so begann Judith, für ihn zu arbeiten. Anfangs hatte sie keine Ahnung, was er machte, aber sie lernte es schnell.

Obwohl sie nie Fragen stellte. Sie wollte auch seine Maschine nicht benutzen, und dafür bewunderte er sie, denn er war ziemlich sicher, dass sie viele Erinnerungen hatte, die sie gerne verändert hätte. Sie stellte ihm keine Fragen, und er stellte ihr keine Fragen. Beide gingen einfach ihrer Arbeit nach, von einem Moment zum anderen. Judith richtete sich in seiner Küche ein, aber sie sprachen wenig miteinander. Sie öffnete die Post, und nach einer Weile merkte er, dass sie seine Art zu arbeiten ohne jede Erklärung gelernt hatte. Eines Abends, als sie bereits gegangen war, setzte er sich an den Tisch und sah die Briefe durch, die sie aussortiert hatte. Am nächsten Tag sprach er sie darauf an.

»Warum hast du diesem Mann keinen Termin gegeben?«, fragte er.

Er war nicht verärgert. Er war nie verärgert. Aber ihre Art zu denken interessierte ihn, und er spürte, dass ihm ihre Antwort wertvolle Einblicke geben würde. Das war ihm sogar wichtiger als eine Begründung, warum der Absender des Briefs keinen Termin bekommen hatte.

Ohne aufzublicken, hängte sie ihre zu große Jacke an den Haken und stellte ihre – neue – Handtasche auf dem Boden ab. Inzwischen sah sie auch viel gesünder aus.

»Ich glaube ihm nicht.«

»Aber du weißt doch gar nicht, welchen Brief ich meine.«

»Doch. Den von dem Mann, dessen Frau angeblich bei einem Verkehrsunfall ums Leben gekommen ist.«

Er schluckte. »Ja, genau.«

»Ich glaube ihm nicht.«

Auf einmal hob sie den Blick und sah ihn so durchdringend an, dass er ein bisschen nervös wurde. Das war sehr ungewöhnlich für ihn, und das Gefühl war auch nicht sehr stark, aber dennoch unverkennbar. Kurzfristig aus der Fassung gebracht, wandte er die Augen ab. Falls sie es bemerkte, sagte sie nichts. Stattdessen schlug sie den großen Terminkalender auf, den er für sie gekauft hatte, und blätterte in ihm. Da er das Bedürfnis hatte, sein Unbehagen zu überspielen, deutete er auf einen anderen Brief, der auf dem gleichen Stapel lag.

»Und die Frau hier, was ist mit der?« Er sah, dass seine Hand leicht zitterte.

Sie seufzte.

»Wollen Sie mich jetzt jedes Mal ausfragen, wenn ich einen Brief ablehne? Denn wenn das der Fall sein sollte, sehe ich keinen Sinn darin, dass ich hier noch weiter arbeite. Dann könnten Sie genauso gut wieder alles allein erledigen.«

Er nickte und stand auf. Vor dem ersten Termin des Tages kochte er immer Tee für sie beide – für Judith mit drei Stück Zucker und viel Milch, in einem Becher, nicht in einer Tasse mit Untertasse, wie er es bevorzugte. Außer ihrem gab es keinen einzigen Becher im Haus, er hatte ihn eigens für sie gekauft.

»Diese Frau schreibt eine Klatschkolumne«, erklärte sie nach dem ersten Schluck.

»Ach wirklich?«

»Ich lese das natürlich nicht, aber ich habe ihre Seite mal gesehen. Sie ist so eine High-Society-Dame, macht alles nieder. Sie schreibt darüber, wer mit wem beim Nachmittagstee gesehen wurde. Deshalb dachte ich, die wollen Sie bestimmt nicht hierhaben.«

Er nickte.

»Ich frage dich nicht mehr danach.«

Judith arbeitete von acht Uhr morgens bis vier Uhr nachmittags. Sie stand kaum einmal auf, sah sich nicht um, wühlte keine Schubladen durch und hatte eigentlich nur Augen für den Terminkalender. Vor sich die Briefe und den Kalender, so saß sie am Tisch, als wäre das der trockenste Platz im Haus.

Es klingelte an der Tür. Auf der Schwelle stand ein junger Mann mit Anzug, dunklen Augenringen, ordentlichem Haarschnitt, so frisch rasiert, dass das Aftershave in Duftwolken von ihm aufstieg. Ein Bankangestellter oder Buchhalter. Irgendetwas mit Zahlen und geraden Linien jedenfalls. Er nahm seinen Filzhut ab, sah nach links, sah nach rechts, wiederholte beides, dann erst wagte er sich über die Schwelle. Wahrscheinlich wollte er nicht, dass jemand sah, wie er dieses Haus betrat.

Der Mann trat einen Schritt zurück und hieß seinen neuen Klienten willkommen.

»Ich bin Jack Collins«, stellte dieser sich vor, mit einer Stimme, die ganz anders klang, als sein Verhalten es nahelegte.

»Ja«, sagte der Mann nur, ließ die Tür offen und ging durch den Korridor voraus.

Doch sein Klient zögerte wieder, als müsste er noch einmal darüber nachdenken, ob er sich dieser Situation wirklich aussetzen wollte. Argwöhnisch betrachtete er den leeren Flur, die ausgetretenen, zum Teil rissigen und verblassten Fliesen, nahm den Schimmelgeruch wahr, den kein noch so scharfes Putzmittel vertreiben konnte, die kahlen Wände. Doch dann gab er sich einen Ruck.

Er folgte dem alten Mann in ein kleines Zimmer. Dort stand eine Maschine. Die Maschine. Außerdem waren da zwei alte Sessel und ein offener Kamin, in dem kein Feuer brannte. Es roch feucht. Und es war kalt.

»Setzen Sie sich doch bitte.«

Erneut machte Jack Collins einen unentschlossenen Eindruck. Doch dann nahm er Platz und stellte seine Aktentasche neben sich auf den dünnen kalten Teppich. Er schaute sich um, wo er seinen Hut ablegen könnte, der alte Mann half ihm jedoch nicht. Schließlich hängte er den Hut an die Henkel seiner Aktentasche. Er öffnete den Knopf seines Jacketts, beugte sich vor und stützte die Ellbogen auf die Knie, als wollte er etwas aushandeln, von dem der Kamin nichts hören sollte. Vermutlich ein Handelsreisender, dachte der Mann.

»Na gut«, sagte Jack Collins.

»Jetzt befestige ich diese hier«, erklärte der Mann, ohne sich auf höfliches Geplänkel einzulassen, und brachte mit kleinen Saugnäpfen zwei Drähte an Jack Collins' Schläfen an und einen an seiner Stirn. Das innere Auge.

»Fangen Sie an«, sagte er dann, ohne seinem Klienten in die Augen zu schauen. Und wartete.

»Was soll ich tun?«

»Sie beschreiben die Erinnerung einfach, so gut Sie können. Farben, Gerüche, Geräusche, den Gesichtsausdruck der Leute um Sie herum. Und bitte sprechen Sie laut und deutlich.«

»Wie funktioniert das Gerät denn überhaupt?« Auf einmal machte er wieder einen Rückzieher, anscheinend verunsicherte ihn die Maschine. Der ganze Rummel, der um sie gemacht wurde.

Spielte es jemals eine Rolle, wie die Maschine funktionierte? In den Anfangsjahren hatte der Mann mit seinen Klienten viel darüber diskutiert. Aber das war im Grunde genauso sinnlos, als wollte man wissen, wie ein Radio funktionierte, bevor man es einschaltete. Oder als würde man erst in ein Automobil steigen, wenn man jedes Detail der Funktionsweise des Motors durchschaut hatte. Für das, worum es ging, spielte es absolut keine Rolle. »Möchten Sie, dass ich Ihnen erkläre, wie es funktioniert, oder möchten Sie, dass es funktioniert?«

Wieder zögerte Jack Collins. Er musterte den alten Mann. Er fand sein Verhalten seltsam, er hatte sich sowieso alles ganz anders vorgestellt. Und nun saß er hier in einem feuchten, schäbigen Zimmer, vor einer seltsamen alten Maschine und einem alten, wenig zuvorkommenden Mann. Nicht gerade magisch, das Ganze. Aber dann überlegte er es sich noch einmal und kapitulierte.

Er räusperte sich.

»Ich war übers Wochenende weg«, begann er. »Das habe ich jedenfalls meiner Frau erzählt.«

Er wartete auf eine Reaktion. Aber es kam keine. Der Mann zuckte nicht mit der Wimper, reagierte nicht, urteilte nicht.

»In Wirklichkeit habe ich die Stadt nicht verlassen.«

Wieder keine Reaktion. Jack Collins seufzte.

»Ich habe jemanden kennengelernt, das ist mir noch nie passiert, aber ich …« Seine Stimme überschlug sich. »Jetzt kann ich nicht mehr schlafen. Und nicht mehr essen. Ich weiß, dass ich einen Riesenfehler gemacht habe. Aber ich kann auch nicht lügen, das geht überhaupt nicht. Jedes

Mal, wenn meine Frau mich ansieht, bin ich sicher, dass sie Bescheid weiß. Sie fragt mich nach dem Wochenende, und ich werde ganz starr und bringe alles durcheinander. Ich möchte die Augen schließen und alles vergessen. Ich möchte mich so an das Wochenende erinnern, wie es hätte sein sollen.«

Es passierte häufig, dass ein Klient den alten Mann irrtümlicherweise für eine Art Therapeuten hielt. Aber mit Therapie hatte er nichts am Hut.

»Müssen Sie das wirklich alles wissen?«, fragte Jack Collins mit Tränen in den Augen.

»Nein.«

»Warum haben Sie mir das nicht gesagt?«

»Ich dachte, Sie kommen gleich zum Punkt. Erzählen Sie mir einfach die Erinnerungen.«

»Die Erinnerungen, die ich im Kopf haben möchte?«

Der alte Mann nickte. »Und Sie wissen ja, dass die Maschine hier keine Erinnerungen löscht, sondern nur neue hinzufügt. Es gehört nicht zu meiner Arbeit, Gedächtniskarteien zu vernichten.«

»Ja, das weiß ich.«

Jack Collins nahm den Hut weg und zog eine Broschüre aus seiner Aktentasche.

»Da hätte ich sein sollen. Auf einer Verkaufstagung. In Kerry. Das hier ist das Hotel. Mein Zimmer. Das Hotel hat einen großen Park, mit Blick über Kenmare Bay. Da wäre ich spazieren gegangen. Ich gehe gern spazieren. Das Klima ist mild dort, es wachsen subtropische Pflanzen, sogar Eukalyptusbäume. Die Luft duftet süß und frisch.« Er schluckte. »Das hat mir mein Kollege erzählt.«

Der alte Mann signalisierte ihm, weiterzumachen.

»Die Tagung hat in dem Hotel stattgefunden. Damit brauche ich keine Hilfe, die üblichen Konferenzräume. Aber es gab eine Exkursion, den Ring of Kerry entlang. Genau davon schwärmt meine Frau immer. Ich sollte mit ihr hinfahren, aber das geht jetzt natürlich nicht, denn sonst merkt sie ja, dass ich noch nie da war. Aber ich dachte, wenn ich jetzt hierherkomme …« Er schaute den alten Mann an, brauchte Ermutigung, um weiterzumachen. Der Mann half ihm durch die Einzelheiten: wie die Wolken ihre Schatten auf die Hügel geworfen hatten, wie es geduftet hatte, frisch nach Eukalyptus, süßlich nach Rhabarber, salzig von der Meeresluft. Wie Jack die Sonne auf seinem Gesicht gespürt, wie sein Zimmer ausgesehen hatte, dass er dem Gepäckträger kein Trinkgeld geben konnte, weil er keine Münzen zur Hand gehabt hatte, dass sein Hemd ganz zerknittert war, als er es aus dem Koffer holte, dass er es in die Kleiderhülle hätte hängen sollen, wie seine Frau es ihm gesagt hatte. Sie sprachen darüber, wie er ihr und den Kindern Geschenke gekauft hatte, nicht in der Dubliner Grafton Street auf dem Heimweg von seinem Hotel in der Innenstadt, sondern auf dem Bahnhof, wo er auf seinen verspäteten Zug wartete. Wie er in einer Tagungspause aus Kerry zu Hause angerufen hatte, nicht aus dem Dubliner Hotelzimmer, als die andere kurz ins Bad gegangen war.

Als er fertig war, entfernte der Mann die Saugnäpfe von seiner Stirn und seinen Schläfen. Jack Collins blinzelte ein paarmal und sah ihn an.

»Mein Gott.«

Der Mann stellte die Maschine ab. Sein Klient schien erleichtert, fröhlich, ja, fast ein bisschen übermütig.

»Das hat mir das Geld für die Reise gespart. Vielleicht hätte ich sagen sollen, dass ich auf den Fidschi-Inseln war.«

Der alte Mann stand auf und begann mit der Abschiedsprozedur. »Ja, das wäre sicher eine schöne Reise gewesen. Schade, dass Sie die nicht gemacht haben.«

Jacks Lächeln verblasste.

Sie nähern sich dem Tor des Parks. Aus der grünen Oase wieder hinaus in die steinerne Stadt, aber das stört ihn nicht. Es ist ein wunderschöner Tag. Der schönste Tag des Jahres vielleicht. Sie schlendern unter den Bäumen entlang, und hier im Schatten ist die Luft spürbar kühler. Sie fröstelt ein wenig, und er hält ihre Hand fester, als könnte er sie so wärmen. Er möchte, dass für sie immer alles perfekt ist, obwohl er natürlich weiß, dass das nicht geht. Er riecht das Moos, und seine Nase fängt wieder an zu jucken. Aber der Duft des feuchten Bodens, der kaum je einen Sonnenstrahl abbekommt, ist auch erfrischend, das stellen sie beide fest. Er tritt zur Seite und lässt sie durch das Tor vorgehen. Sie bedankt sich und wartet, bis er wieder neben ihr ist. Sie sehen sich an. Machen sich bereit, sich für ein Weilchen zu trennen, und schon wird ihm flau im Magen, weil er seinen Traum verlassen und seinen Arbeitstag beginnen muss.

»Danke für letzte Nacht«, sagt sie leise. Auf einmal wirkt sie fast schüchtern, obwohl davon letzte Nacht absolut nichts zu spüren war. Das liebt er sehr an ihr, aber er sagt es ihr nicht, denn er möchte nicht, dass sie sich dann unbehaglich fühlt. Sie verabreden sich für den Abend. »Vielleicht zum

Abendessen im Shelbourne?« »Ja, das wäre schön.« »Und danach früh ins Bett?« Sie lacht über seinen Vorschlag, und die Schüchternheit ist verflogen. »Aber gern, mein Liebster. Natürlich.«

»Ein untreuer Ehemann?«, sagte der Mann zu Judith, als Jack Collins gegangen war.

Sie blickte nicht auf.

»Er liebt seine Frau.« Ihre Stimme klang unbeteiligt, aber er wusste, dass ihr solche Dinge am Herzen lagen.

»Ja, das hat er gesagt.« Der Mann seufzte.

»Haben Sie ihm nicht geglaubt?«

»Doch.«

»Aber Sie fanden es nicht in Ordnung?«

Eigentlich wollte er gar nicht antworten. Es war nicht seine Art, Klienten zu beurteilen.

»Jeder hat eine zweite Chance verdient«, sagte sie.

»Aber es gehört nicht zu meiner Arbeit, den Leuten beim Lügen zu helfen.«

Jetzt hob sie die Augen. Und er sah den Zweifel in ihnen.

»Neue Erinnerungen zu schaffen ist nicht dasselbe wie Lügen«, sagte er ein wenig zu heftig. »Dieser Termin war ein Fehler«, fügte er etwas sanfter hinzu.

»Ja«, räumte sie achselzuckend ein.

Später setzte er sich zu Judith an den Tisch. Sie aßen Käsebrote, und sie las dabei weiter die Briefe. Er beobachtete sie möglichst unauffällig, aber da sie nie das Gesicht verzog, konnte er nicht beurteilen, was sie dachte. Nach dem Lesen legte sie die Briefe auf zwei getrennte Stapel, aber sosehr er auch versuchte, ihre Entscheidung vorher zu erraten, er wurde nicht schlau aus ihr. Mit ausdruckslosem Gesicht verteilte sie die Briefe und biss zwischendurch von ihrem Käsebrot ab.

Lange saßen sie schweigend nebeneinander. Sie machten nie viele Worte, ein kurzes Gespräch wie das über Jack Collins reichte ihnen normalerweise, und auf einmal merkte der Mann, dass ihm Judiths Anwesenheit gefiel – ihm, der die letzten einundvierzig Jahre wie ein Einsiedler gelebt hatte. Jeden Morgen freute er sich auf ihre Ankunft, und wenn sie gegangen war, fühlte er sich … nun ja, wenn sie gegangen war, vermisste er sie. Dann war das Haus wieder leer. Ausgehöhlt wie ein alter Baum. Aber jetzt war er ständig voller Erwartung – dass jemand kam, dass etwas passierte. So etwas hatte er lange nicht mehr gespürt. Er hörte auf zu kauen und legte sein Brot weg.

Ohne ihn anzusehen, fragte sie: »Was ist?«

Dann riss sie den nächsten Umschlag auf.

Er sagte nichts.

Sie schaute unbehaglich.

»Ich versuche zu erraten, auf welchem Stapel die Briefe liegen, die dich wirklich berühren«, erklärte er schließlich.

Sie merkte, dass er nur Spaß machte, und tippte mit dem Finger auf den linken Stapel. »Auf diesem hier.«

Er lächelte. Er hätte es nicht erraten, aber er fühlte sich dennoch gut. Vielleicht fand sie ihn ja doch nicht nur langweilig. Er warf einen Blick auf seine Taschenuhr. Zwischen den Terminen ließ er immer eine Stunde Zeit, und er empfing pro Tag lediglich zwei Klienten, manchmal sogar nur einen, je nachdem, um was für eine Art von Erinnerungen es sich handelte. Nun ging er zurück zu seiner Maschine.

»Es ist fünfundzwanzig Jahre her, dass er gestorben ist«, begann Mrs de Lacey und wölbte den Hals wie ein Schwan. Die Haut über den Muskeln spannte sich, die Perlenkette schmiegte sich in die Halsmulde. Ganz offensichtlich versuchte sie, stark zu wirken, aber er spürte, wie es unter der Oberfläche brodelte.

»Ich erinnere mich an so vieles, was wir zusammen gemacht haben, was er gesagt hat, aber …« Auf einmal wurde sie unsicher, und ihre robuste Fassade bekam einen Knacks. Sie sank in sich zusammen, die Haut verlor ihre Spannung, die Schultern erschlafften, und sie begann zu schluchzen.

»Mummy!« Ihre Tochter legte die Hand auf ihren Arm, überrascht und anscheinend peinlich berührt vom Gefühlsausbruch ihrer Mutter.

Er sagte nichts.

Unbehaglich, fast flehend sah die Tochter ihn an – als hätte er die Macht, den Tränenstrom zu stoppen.

»Aber sein Gesicht«, fuhr die Mutter schluchzend fort, und sie stieß die Worte hervor, als hätte sie keine Lust mehr, darauf Rücksicht zu nehmen, ob jemand sie hören wollte oder nicht, »sein Gesicht ist weg, ich kann es nicht mehr sehen, wenn ich die Augen schließe.« Wie um es zu beweisen, schloss sie die Augen. »Ich sehe ihn nicht. Es funktioniert einfach nicht mehr.«

»Mummy, was redest du denn da? Beruhige dich doch«, drängte die Tochter mit hektisch geröteten Wangen.

»Es ist alles ganz verschwommen«, fuhr ihre Mutter

unbeirrt fort, während ihr die Tränen über die Wangen liefen. »Das heißt, ich kann ihn schon sehen, aber nicht von Nahem, nicht deutlich, und er verändert sich dauernd. Das Alter wechselt ständig, der Gesichtsausdruck auch – ich kann einfach keine Erinnerung festhalten, keinen perfekten Moment.«

Die Tochter wühlte in ihrer Handtasche.

»Hier, Mummy«, sagte sie schließlich und drückte ihrer Mutter ein Taschentuch in die verkrampft geballte Faust. »Deine Nase«, erklärte sie, ein bisschen abgestoßen.

»Ich weiß, wie seine Augen aussehen, ich kenne seinen Mund«, erklärte die Mutter und berührte mit einer sinnlichen Bewegung ihre Lippen. Schockiert wandte die Tochter den Blick ab. Das Verhalten ihrer Mutter wurde ihr immer peinlicher. »Aber ich kann ihn nicht ganz sehen. Es ist, als wäre ich zu nah an einem Bild, als müsste ich ein Stück zurücktreten, um es richtig zu erkennen.« Sie kniff angespannt die Augen zusammen und riss sie gleich wieder auf, offensichtlich enttäuscht, weil sie es nicht geschafft hatte und ihr das Bild erneut entglitten war. Zum ersten Mal sah sie den alten Mann direkt an. »Ich möchte mich an ihn erinnern können, sooft ich will. Er ist alles, was ich habe.«

»Mummy«, rief die Tochter, »du hast doch uns!«

»Ach, sei nicht albern, Lizzie, ihr streitet euch, wer dran ist, mich zum Lunch auszuführen. Aber ihn hab ich hier bei mir, hier oben, sonst nirgends«, beharrte sie und tippte sich mit dem Finger so heftig gegen die Schläfe, dass die Haut sich zusammenschob wie eine Zigarre beim Ausdrücken. »Und ich habe Angst, ihn ganz zu verlieren.«

Lizzie räusperte sich. »Ich habe ein Foto von ihm.«

Der Mann nahm es entgegen. Ein eindrucksvolles Schwarz-Weiß-Bild von einem übergewichtigen Mann mit einem Monokel, der, die Hände auf dem Schoß gefaltet, kühl in die Kamera blickte. Hinter ihm hing ein ausgestopfter Hirschkopf an der Wand.

»Das ist unsere Jagdhütte«, erklärte die Tochter stolz.

»Nein, nein, nein.« Mrs de Lacey wedelte das Foto mit der Hand weg, als wollte sie eine Wespe verscheuchen. »Das ist nicht er.«

»Mummy, das ist gemacht worden, nachdem man ihn zum Präsidenten des Kricket-Clubs ernannt hat. Das weiß ich noch genau. Schau doch mal auf sein Revers ...«

»Ich möchte mich nicht an ein dummes Foto vom Kricket-Club oder aus der Jagdhütte erinnern«, fauchte ihre Mutter, und erneut wich die Tochter schockiert und sogar ein bisschen verletzt zurück. »Ich will mich so an ihn erinnern, wie er war, wenn ich frühmorgens die Augen aufgemacht und als Erstes ihn gesehen habe. Ich möchte mich an ihn erinnern, wie er war, wenn wir uns geliebt haben.« Wieder schloss sie die Augen, und diesmal schien sie tatsächlich eine Erinnerung auszukosten.

»Mummy«, mahnte die Tochter, aber es klang schon etwas sanfter, fast so, als würde sie ihre Mutter zum ersten Mal als Frau wahrnehmen.

»Ich möchte mich erinnern, wie er Ellis nach der Geburt zum ersten Mal im Arm gehalten, wie er mit den Kindern im Garten gespielt hat. Wie seine Nasenflügel gebebt haben, wenn er wütend war.« Sie lachte. »Ich weiß all diese Dinge, aber wenn ich die Augen schließe, kann ich sie nicht mehr richtig vor mir sehen.«

Der Mann brachte die kleinen Saugnäpfe an ihren Schläfen und an ihrer Stirn an, verband die Drähte mit der Maschine und stellte sie an.

»Wenn Sie mir das alles jetzt möglichst genau beschreiben, werden Sie es wieder sehen können.«

Er lässt die Finger sanft durch ihre lockigen Haare gleiten, die so weich sind wie Samt. Er hört, wie jemand seinen Namen ruft. Ein Arbeitskollege kommt auf ihn zu und begrüßt ihn.

Als sie sich für später verabreden, ist er ein wenig abgelenkt. Sie küsst ihn zum Abschied, viel zu kurz, weil sie ihn nicht in Verlegenheit bringen will. Dann geht sie, und er wendet sich seinem Kollegen zu. Sie fangen an, über einen Fall zu diskutieren, der in der Kanzlei seit Monaten Ärger macht. Sie ruft noch einmal »Auf Wiedersehen!«, aber er reagiert nicht darauf, weil er so ins Gespräch vertieft ist. Sie wird das verstehen, schließlich sehen sie sich ja bald wieder. Dann hört er ein Geräusch. Ein grausiges Geräusch, ein Geräusch, das er nie vergessen wird. Sein Kollege packt ihn am Arm, so fest, dass er die Fingernägel durch den Stoff seines Sommeranzugs spürt. Und er weiß, was passiert ist, aber er kann nicht hinschauen. Er möchte sich nicht für den Rest seines Lebens an diesen Anblick erinnern müssen, denn ihm ist klar, dass er ihn jeden Tag vor sich sehen wird. Im Wachen und im Schlafen. Jeden einzelnen Tag.

Als Judith am nächsten Morgen in sein Haus kam, hingen ihr die braunen Haare ins Gesicht. Sie hielt die Augen gesenkt, mied seinen Blick und drängte sich auf dem Flur an ihm vorbei, um möglichst schnell in der Küche zu verschwinden. Aber als sie zur Tür kam und den Tisch sah, blieb sie stehen. Zum ersten Mal, seit sie sich kannten, hatte er Frühstück gemacht, ein wahres Festmahl mit Würstchen, Eiern, Tomaten, Black Pudding, White Pudding und Pilzen in allen erdenklichen Größen. In der Mitte des Tischs war ein Ständer mit Toast und allen möglichen Aufstrichen. Kein Wunsch sollte offenbleiben.

Sie schwankte, und er stürzte zu ihr, um sie aufzufangen, aber sie streckte blitzschnell ihre kleine Hand aus der viel zu großen Jacke und hielt sich am Türrahmen fest. Und da sah er es. Ihr linkes Auge. Es war so angeschwollen, dass man es kaum noch erkennen konnte, die Haut drum herum veilchenblau. Als sie sein Gesicht und den Ausdruck in seinen Augen sah, drehte sie sich schnell weg. Wut durchflutete ihn. So wütend war er nicht mehr gewesen, seit er Judith verloren hatte. Seine Judith. Und nun diese Judith. Auch sie war seine Judith, das wurde ihm in diesem Moment klar. Er packte seinen Stock fester, bis die Fingerknöchel weiß wurden.

So vieles wollte er sagen – er wollte schreien, er wollte wissen, wer ihr das angetan hatte. So viele Fragen und Gefühle stiegen in ihm auf, dass er eine Minute brauchte, um zu entscheiden, womit er anfangen sollte. Wenn es das Falsche war, würde er sie nie wiedersehen, das war ihm klar. Sie war so zerbrechlich, ihre Gegenwart so kostbar, aber sie war leicht wie eine Feder, und der geringste Windhauch konnte sie davontragen. Er schaffte es, sich einigermaßen zu beruhigen. Die rote Wut verglühte, und jetzt spürte er ein Zittern in sich, ein Nachbeben. Er räusperte sich und wollte etwas sagen, aber sie hinderte ihn daran, Einhalt gebietend schoss ihre kleine Hand in die Höhe. Dabei rutschte ihr Ärmel ein Stück hoch, und nun sah er auch die gelblich schwarzen Flecken auf ihrem Arm.

»Tu es nicht«, sagte sie, und ihre Stimme war fester, als er sie je gehört hatte.

Er tat es nicht.

Er wusste, dass er es nicht tun würde.

Er wollte sie nicht verlieren.

»Frag mich nicht«, sagte sie. »Und ich frag dich auch nicht, warum du das hier gemacht hast, ausgerechnet heute.«

Auf einmal schämte er sich, aber er verstand und nickte, obwohl sie ihm den Rücken zuwandte und ihn nicht sehen konnte. Aber was sie gesagt hatte, war ja auch keine Frage gewesen, und sie erwartete keine Antwort von ihm.

So saßen sie dann am Tisch, aber seine fröhliche Stimmung war wie weggeblasen, und sie frühstückten schweigend. Sie aß nicht viel. Er auch nicht.

Dann traf der erste Klient ein. Ein Achtzehnjähriger, dessen Vater ihn verachtete, wie er sagte. Er wünschte sich Erinnerungen an gemeinsame Unternehmungen mit seinem Vater, damit er nicht mehr so traurig war, wenn er daran dachte, was er alles verpasste und schon verpasst hatte. Sein Vater auf der Fußballtribüne, der seinem Sohn bei einem Torschuss zujubelte. Sein Vater, der über einen Witz von ihm lächelte. Keine tiefen Gespräche, nichts Dramatisches, nichts Exotisches. Nur Erinnerungen an einen Vater, der da war. Anwesend und aufmerksam.

Der Mann hatte Angst, dass Judith am nächsten Tag nicht kommen würde, aber sie kam. Sie trug ein schlichtes Kleid wie immer, aber dieses hatte lange Ärmel und war hochgeschlossen, um zu verbergen, was er gesehen hatte. Aber es war zu spät. Er würde es für immer vor sich sehen, wenn er die Augen schloss.

Alles lief wieder wie in den Wochen zuvor, nur war es nicht mehr dasselbe, denn ihre Beziehung, ihre ungetrübte gemeinsame Existenz war nicht mehr dieselbe. Doch dann stand Judith eines Abends spät auf seiner Türschwelle, zusammengekrümmt, und hustete Blut, so viel, dass er nicht einmal sehen konnte, wo es herkam. Sie verbot ihm, die Polizei zu holen, sie wollte um keinen Preis ins Krankenhaus. Sie weigerte sich, sich von ihm beim Waschen helfen zu lassen. Sie bräuchte nur einen Unterschlupf. Sie schloss sich im Badezimmer ein und blieb eine Stunde lang dort, und nur weil er gelegentlich das Wasser laufen hörte, wusste er, dass sie noch lebte.

Als sie die Tür wieder öffnete, trug sie ein Hemd von ihm, ein riesiges, gestreiftes Hemd, in dem sie so verloren wirkte wie ein kleines Kind. Sie legte sich in sein Bett, und er schlief – oder schlief eher nicht – auf der Couch. Sie sprachen nicht miteinander, obwohl er es fast nicht aushielt. Erst ein paar Tage später kam sie zu ihm und fragte: »Können wir reden?«

»Natürlich. Aber ich habe gleich noch eine Klientin. Möchtest du so lange in der Küche warten?«

»Die Klientin bin ich.« Sie setzte sich vor ihn in den Sessel.

Er erstarrte.

»Ich werde dir nichts erzählen«, sagte sie.

»In Ordnung.«

»Ich weiß, du bist kein Therapeut. Ich weiß, dass du es hasst, wenn Leute dir etwas über sich selbst erzählen.«

»Bei dir ist es etwas anderes.«

Sie lächelte traurig. »Na gut, hier ist meine Erinnerung. Die Erinnerung, die ich mir wünsche. Der Tag, an dem ich hier angekommen bin.«

Er wusste genau, welchen Tag sie meinte.

»Du öffnest die Tür, und du bist fröhlicher, als ich dich je zuvor gesehen habe. Ich bin fasziniert, und ich lächle auch, denn deine Fröhlichkeit ist ansteckend. Und du freust dich, mich lächeln zu sehen. Guten Morgen, Judith, sagst du. Ich heiße Mary, antworte ich.«

Aufmerksam sah sie ihn an, und in ihren Augen schimmerten Tränen.

Mary, dachte er, was für ein wunderschöner Name.

»Mary, sagst du, das ist ein wunderschöner Name. Danke, antworte ich. Dann führst du mich den Korridor hinunter, nimmst meine Jacke, denn du bist ja ein vollkommener Gentleman, und zeigst mir die Küche. Als du die Tür aufmachst, schlägt mir der Duft entgegen. Vor mir steht der schönste gedeckte Tisch, den ich je gesehen habe. So etwas hat noch nie jemand für mich getan.

Ich drehe mich zu dir um und bedanke mich. Und ich sage dir, dass ich noch nie so etwas Köstliches gerochen und noch nie so einen schönen Tisch gesehen habe und dass noch nie jemand so für mich gesorgt hat.

Und du freust dich sehr darüber.

Wir setzen uns an den Tisch und essen. Ich probiere von

allem etwas, weil es so gut schmeckt, und ich möchte, dass du weißt, wie dankbar ich bin, wie sehr ich es zu schätzen weiß, dass du so etwas für mich getan hast. Und ich sage dir, dass es das tollste Essen ist, das ich je gegessen habe.

Und du freust dich sehr.

Dann liest du die Zeitung, und wir reden über die Nachrichten des Tages. Ich lasse mir alles von dir erklären, nicht, weil es mich so brennend interessiert, sondern weil ich deine Stimme hören will. Weil ich den Klang deiner Stimme liebe. Weil ich mich so sicher und geborgen fühle, wenn ich sie höre. So sicher und geborgen wie sonst nie in meinem ganzen Leben.«

Seine Augen füllten sich mit Tränen.

»Als ich dir das sage, musst du beinahe weinen. Dann frage ich dich nach der Maschine und wie du sie erfunden hast. Aber ich frage nicht, warum, obwohl ich das schon immer gern gewusst hätte. Ich meine, ich kann es mir vorstellen, ich habe Geschichten darüber gehört, aber die glaube ich alle nicht. Ich frage nicht, warum, weil ich es inzwischen verstehe. Weil ich weiß, warum. Weil ich weiß, wie ein Augenblick vergeht – ein Augenblick, in dem man einem Menschen etwas sagen oder irgendetwas tun möchte, und dann passiert etwas, und man tut es nicht, und später könnte man platzen vor Wut und Traurigkeit, weil man es nicht getan hat. Und ich weiß, dass du dich ärgerst, wenn Leute hier reinkommen und versuchen, irgendwelche dummen Erinnerungen zu produzieren – dass sie einen Weltrekord aufstellen oder ihre Frau mit hübscheren Frauen betrügen. Denn darum geht es nicht. Es geht darum, aus einem Augenblick wieder das zu machen, was er hätte sein sollen, wenn man nicht abgelenkt worden oder wenn man nicht so ein Feigling gewesen wäre oder wenn man gewusst hätte, dass dieser verlorene Moment der einzige war, in dem man das hätte sagen oder tun können, was man wollte.

Aber ich sage es nicht, weil du weißt, dass ich es weiß. Wir reden über deine Termine. Wir essen Käsebrote. Bevor ich gehe, danke ich dir für alles, was du für mich getan hast. Ich umarme dich, und es ist die wärmste, weichste – geborgenste – Umarmung, die ich je gespürt habe, und ich weiß, dass du mich immer beschützen wirst.«

Er nickte.

»Und dann gehe ich nach Hause. Ich bin glücklich. Und du schaust mir nach. Du bist auch glücklich. Denn wir wissen beide, dass alles gut wird für uns.«

Sie hielt inne, und die Tränen strömten ihnen beiden übers Gesicht. Sie nahm die Drähte von ihrem Kopf, stand auf, nahm ihre Tasche und ihre Jacke und ging. Mit einem leisen Klicken fiel die Tür hinter ihr ins Schloss. Noch lange starrte er auf die Stelle, wo ihre Stiefel die Metalltreppe zum Gehweg hinaufgegangen waren. Aber er hörte nur die Maschine. Und er wusste, dass er sie nie wiedersehen würde.

Dann befestigte er die kleinen Saugnäpfe mit den Drähten an seinen Schläfen und seiner Stirn.

Er lässt die Finger sanft durch ihre lockigen Haare gleiten, die so weich sind wie Samt. Er hört, wie jemand seinen Namen ruft. Ein Arbeitskollege kommt auf ihn zu und begrüßt ihn.

Als sie sich für später verabreden, ist er ein wenig abgelenkt. Sie küsst ihn zum Abschied, viel zu kurz, weil sie ihn nicht in Verlegenheit bringen will. Dann geht sie, und er wendet sich seinem Kollegen zu. Sie fangen an, über einen Fall zu diskutieren, der in der Kanzlei seit Monaten Ärger macht. Sie dreht sich noch einmal um und ruft: »Auf Wiedersehen!«, und er ist zwar ins Gespräch vertieft, aber er sagt seinem Kollegen, es tue ihm leid, aber er brauche einen Moment, um sich richtig von ihr zu verabschieden. Der Kollege wundert sich ein bisschen, wartet aber geduldig. Er schaut sich zu ihr um, ihre Blicke treffen sich, sie lächelt ihm zu, und er lächelt zurück. Eine letzte Bekräftigung ihrer Liebe.

Dann hört er ein Geräusch. Ein grausiges Geräusch, ein Geräusch, das er nie vergessen wird. Sein Kollege packt ihn am Arm, so fest, dass er die Fingernägel durch den Stoff seines Sommeranzugs spürt. Und er weiß, was passiert ist, aber er kann nicht hinschauen. Er möchte sich nicht für den Rest seines Lebens an diesen Anblick erinnern müssen, denn ihm ist klar, dass er ihn jeden Tag vor sich sehen wird. Im Wachen und im Schlafen. Jeden einzelnen Tag.

Es ist nicht die Erinnerung, die er ändern muss, sie war schon beinahe vollkommen. Bis zu diesem einen Augenblick war es der schönste Tag seines Lebens. Aber Mary hat recht: Das, was er bereut, das, womit er in seinem Innern hadert – das ist es, was ihn zwingt, diesen schrecklichen Augenblick immer wieder zu durchleben, tausendmal am Tag. Wenn er doch nur aufgeschaut hätte, als sie ihn gerufen hat. Dann hätten sie einander zugelächelt, und sie hätte ein letztes Mal gesehen, wie sehr er sie liebt. Die Kutsche hätte sie trotzdem überfahren. Das Pferd hatte wegen irgendetwas gescheut. Er kann nichts ändern, keine Einzelheit, die an diesem Tag auf diesem Platz geschehen ist. Er kann sie in seinen Gedanken nicht wieder zum Leben erwecken, das wäre unsinnig. Aber dieser letzte Blick – das ist es, was er ändern möchte. Es war der einzige Fehler, den sie an diesem Tag gemacht haben. Der Unfall … dafür war ein anderer verantwortlich. Aber wenn er sie angeschaut hätte, dann wäre der Tag für sie beide vollkommen gewesen – bis zu diesem Moment.

Er stellt die Maschine ab. Das Summen verhallt.

Und alles wird still.

Das Mädchen im Spiegel

»Manchmal habe ich schon vor dem Frühstück
bis zu sechs unmögliche Dinge geglaubt.«

Die Weiße Königin in *Alice hinter den Spiegeln*

Juli 1992

»Grellie, Grellie, ich bin da!« Lila klopfte aufgeregt an die Tür. Weil sie von einem Bein auf das andere hüpfte, rutschte ein weißer Baumwollkniestrumpf herunter wie ein betrunkener Feuerwehrmann an der Stange und kitzelte sie, bis er schließlich schlaff um ihren Knöchel hing. Sie zupfte ihren Schlüpfer zurecht, pustete fliegende Haare weg, die an ihren feuchten Lippen klebten, und pochte weiter an die Tür, obwohl ihre Fingergelenke schon gerötet waren.

»Warum nennst du sie Grellie?« Das kleine Mädchen neben ihr meldete sich endlich zu Wort. Ihre Stimme klang vor der riesigen Haustür winzig klein. Als sie das bemerkte, trat sie sicherheitshalber etwas näher an Lila heran. Zum Schutz, auch wenn sie nicht genau wusste, wovor.

Der Vorgarten, durch den sie gegangen waren, sah aus wie ein Dschungel, denn er war verwildert und ungepflegt und ganz anders als der Garten bei Sarah zu Hause. Dort kam nämlich alle zwei Wochen der Gärtner und richtete alles makellos ordentlich her, und wenn er sie am Fenster sah, zwinkerte er ihr immer zu. Sobald sie alt genug war, würde sie ihn heiraten. Doch dieser Garten war ganz anders. Ihr war, als wäre sie für immer verloren, falls sie versehentlich neben eine der wahllos verteilten Steinplatten trat, die zur Haustür führten. Dichte, duftende Wildblumen reckten sich über sie, als müssten sie sich ihren Platz erkämpfen, und schienen neugierig ins Haus zu blicken. Die Äste der Bäume verbogen und verrenkten sich in so absonderlichen Winkeln, dass Sarah schauderte.

»Grellie!« Wieder klopfte Lila ungeduldig.

»Hör auf, sie so zu nennen«, sagte Sarah ängstlich. »Warum nennst du sie immer so?«

Daraufhin nahm sich Lila endlich zusammen, hörte auf zu zappeln und blickte Sarah neugierig an. Sie schien sich verteidigen zu wollen, und ihre Augen wurden schmal. »Das ist meine Großmutter Ellie. Also nenne ich sie Grellie.«

»Oh. Vielleicht ist sie gar nicht da. Vielleicht gehen wir einfach wieder.«

Sarah war froh, nicht länger bleiben zu müssen, drehte sich eilig um und wollte gerade auf die erste bemooste Steinplatte treten, als ihr Puls sich wieder beschleunigte. Sie hörte, wie der Riegel der riesigen Tür zurückgeschoben wurde, und dann knarrte etwas so laut, als hätten sie einen Riesen aus hundertjährigem Schlaf geweckt.

»Grellie«, schrie Lila aufgeregt, und Sarah verabschiedete sich im Stillen vorläufig vom Gartentor.

Eine ergraute Frau nahm Lila liebevoll in die Arme. Ihr Haar war vorn ganz weiß und hinten zu einem Knoten aufgesteckt. Sie hatte einen Stock in der Hand, den sie hinter Lilas Rücken hielt, als sie das Mädchen an sich drückte.

Wie liebevoll diese Umarmung wirkte. So herzlich. Sarah beruhigte sich ein wenig.

»Was bist du doch heute für ein ungeduldiges kleines Ding!« Ellie lachte und löste sich von ihrer Enkelin. »Ich war ganz hinten im Garten beim Jäten und konnte dich bis dorthin hören.«

»Ich dachte, du bist nicht da, ich dachte, du hast es vergessen«, sagte Lila atemlos.

»Aber natürlich nicht. Wie könnte ich vergessen, dass ich heute deine beste Freundin kennenlernen soll. Ich freue mich schon den ganzen Tag darauf.«

Sarah lächelte und wurde rot.

Ellies Stimme klang hart, und sie sprach, als hätte sie etwas im Hals, als säße dort etwas fest.

Sarah konnte nicht anders, sie musste einfach auf dieses Etwas lauschen, das dort saß, und dann räusperte sie sich.

Ellie sah sie unverwandt an. Sarah lächelte.

»Das ist Sarah«, sagte Lila stolz. »Sarah, das ist Grellie.«

Nun wusste Sarah nicht, ob sie lächeln sollte oder nicht. Doch sie lächelte weiter.

»Tag«, sagte sie, und ihre Stimme klang wieder winzig klein.

»Hallo, Sarah, herzlich willkommen. Kommt doch herein und schaut euch an, was ich für euch gemacht habe.« Ellie drehte sich um und ging ins Haus, und Lila verschwand aufgeregt hüpfend mit ihr.

»Hast du deine Törtchen gemacht? Die mit dem rosa Zuckerguss? Mit Marshmallows drauf? Hast du die gemacht? Hast du deine Erdbeermarmelade gemacht? Ich habe Sarah erzählt, dass du sie selbst machst, und das hat sie mir nicht geglaubt. Hast du welche für die Scones gemacht? Sind die Scones mit Obst? Dann hätte ich nämlich gern Sahne dazu.«

Lila plapperte ausgelassen und überdreht immer weiter, während Sarah draußen vor der Haustür stand und der Brandung lauschte, die unten an die steilen Klippen schlug. Es war ein schöner, sonniger Tag. Es war Juli, und alle waren ganz aufgeregt gewesen, weil es Sommerferien gegeben hatte. Der Unterricht war ins Freie verlegt worden, aber sie hatten nur eine Geschichte gelesen und dann auf dem Rasen ein Fest gefeiert. Als sie sich dann auf den Weg zu Ellie gemacht hatten, waren alle Autos mit offenen Fenstern gefahren, und Sarah hatte die Musik und die Stimmen gehört, die daraus hervordrangen und am Himmel verschmolzen und die Vögel verwirrten, die dort vorüberflogen.

Aber hier war alles anders. Hier war es kalt.

Sarah blickte noch einmal zum Gartentor, das sie ein wenig offen gelassen hatte. Weit genug für eine gelbbraune Katze, die sich gerade hindurchschob. Die Katze hielt inne, als hätte sie Sarahs Blick gespürt, machte einen Buckel und sah sie an. So standen beide eine Weile da.

»Sarah, wo bist du?«

Sofort nahm Sarah Haltung an.

»Da bist du ja.« Lila erschien an der Haustür. »Was machst du denn?«

»Ich habe nur ...« Sag es ihr, sag ihr, dass du gehen willst.

»Oh, da ist ja Gingersnap. Grellie!«, schrie Lila, so laut sie konnte.

»Ich bin nicht taub, Liebes!«, rief Grellie daraufhin.

»Gingersnap ist wieder da!«

Sarah hörte, dass Grellie etwas rief, verstand es aber nicht. Und sie hörte dieses Etwas in ihrer Kehle.

Sie räusperte sich noch einmal.

»Komm, das musst du unbedingt sehen«, sagte Lila mit leuchtenden Augen.

Als Lila sie an die Hand nahm, fühlte sich Sarah schon viel wohler.

Lila zog Sarah ins Haus, und beide lachten, weil Sarah sich so mitschleppen ließ. Die Diele war sehr groß. Bei ihrem Anblick blieb Sarah wie angewurzelt stehen, sodass auch Lila innehalten musste. Sie blickte sich um. Es gab in der Diele einen Kamin. Und einen Kronleuchter. Er war ganz verstaubt, und hier und da zogen sich von einem Kandelaber zum nächsten Spinnennetze, die schimmerten, wenn Sonnenlicht darauffiel. Die Dielenbretter mussten früher einmal auf Hochglanz gebohnert gewesen sein, doch nun waren sie abgenutzt und uneben und knarrten, selbst wenn man auf Zehenspitzen ging. Dicht an den Wänden konnte man noch erkennen, wie sie einmal ausgesehen hatten, denn dort gab es noch eine Art gebohnerten Rand. Auf dem Kaminsims aus dunklem Holz standen zwei Kerzenleuchter. Es waren keine Kerzen darin. Und darüber war ein schwarzes Tuch über einen Gegenstand drapiert, von dem man nur den Messingrahmen sah.

»Was ist auf dem Bild?«, fragte Sarah, die inzwischen wieder unsicher war.

»Auf welchem Bild?«, fragte Lila verwirrt.

»Da, über dem Kamin.«

»Das ist kein Bild, das ist ein schwarzes Tuch«, sagte Lila, als wäre Sarah nicht ganz bei Trost.

»Und was ist unter dem Tuch?«

Lila packte Sarahs Hand und zog sie weiter. »Ein Spiegel. Grellie mag keine Spiegel. Komm, ich zeige dir das Haus. Hier können wir jede Menge Abenteuer erleben.«

Lila führte Sarah voller Aufregung herum, riss überall Türen auf und verkündete jedes Mal, welchen Sinn und Zweck das betreffende Zimmer hatte und welche Abenteuer es versprach, und wenn sie die Tür dann rasch wieder geschlossen hatte, eilte sie mit Sarah im Schlepptau weiter zur nächsten.

Das Haus war tatsächlich so prachtvoll, wie Lila versprochen hatte, denn es gab hohe Decken, Fenster, die bis zum Boden reichten, allerhand Nippes und allerhand Verstecke. Und es gab viele dunkle Ecken, was Lila nicht zu bemerken schien. Für sie war das Haus voller Farben, voller Vergnügen, Geheimnisse und Erinnerungen. Doch wo Lila Licht sah, sah Sarah Schatten, und wo Lila Wärme spürte, fröstelte sie. In jedem Zimmer, das Sarah sah, war es kälter als in dem zuvor. Und in jedem Zimmer waren ganze Wände oder Teile davon mit schwarzen Tüchern verdeckt. Sie hingen an den Wänden und grinsten ihr entgegen wie der Sensenmann.

Sie stürmten an einer Tür vorbei, die Lila ausnahmsweise nicht aufriss.

»Was ist da drin?«, fragte Sarah.

Lila blieb stehen. »Oh.« Sie beugte sich über das Treppengeländer und blickte nach unten, um zu sehen, ob

Grellie in der Nähe war. Doch sie konnten in der Küche Teller klappern hören. »Da darf ich nicht rein, aber ich zeige es dir trotzdem.«

»Nein, schon gut. Ich will gar nicht rein, wenn du das nicht darfst.«

»Ich zeige es dir.« Lila lächelte. »Ist nichts Besonderes. Nur ein Zimmer, das nicht benutzt wird.«

»Warum darfst du dann nicht rein?«

Lila zuckte mit den Schultern. »Ich habe nie gefragt, aber ich war schon hundertmal drin.«

Lila reckte sich, nahm den Schlüssel vom Türrahmen, wo er versteckt war, schob ihn ins Schlüsselloch und drehte ihn. Sarahs Herz raste, und sie sah sich um, weil sie erwartete, dass Grellie jeden Moment neben ihnen stehen würde, obwohl sie unten zu hören war.

»Nein, Lila, nicht. Ich will keinen Ärger haben.«

»Wir kriegen keinen Ärger«, flüsterte Lila.

Als Lila die schwere Tür öffnete, rechnete Sarah damit, dass etwas sie anspringen würde, doch nichts geschah. Gar nichts. Das Zimmer sah langweilig aus. Ein Doppelbett, in gebrochenem Weiß bezogen, zwei Nachtschränkchen, ein Kamin. Doch beherrscht wurde das Zimmer von einem hohen, frei stehenden Spiegel, der von oben bis unten schwarz verhängt war.

Sarah schluckte. Der Spiegel war nicht das größte Stück im Zimmer, aber so eindrucksvoll, dass es nur aus ihm zu bestehen schien.

»Gehen wir rein«, flüsterte Lila.

»Nein.« Sarah zog sie zurück. Sie versuchte, das Entsetzen in ihrer Stimme zu verbergen, und setzte ein schiefes Lächeln auf. »Ich möchte jetzt diese leckeren Törtchen sehen, von denen du erzählt hast.«

Lila strahlte, als hätte sie die Törtchen ganz vergessen. Sie schloss die Tür ab, und als beide nach unten stürmten, meinten sie, durch Dutzende Zimmer zu laufen, bis sie endlich im Wintergarten angekommen waren. Stolz zeigte Lila ihr die Leckereien. Sie hatte nicht übertrieben. Der Tisch bog sich unter Törtchen, Keksen, Scones und Kuchen, und nach den Töpfen und Pfannen zu urteilen, die sich in der Spüle türmten, war alles selbst gemacht. Obst quoll aus mehreren Schalen auf den Tisch, und in den kleinen Gefäßen, die überall auf dem Tisch verteilt waren, breiteten sich träge Sahnekleckse aus. Krüge mit Saft und Limonade, ohne Zweifel ebenfalls hausgemacht.

Doch um diesen schönen Anblick herum versuchte der Garten, ins Haus zu dringen, er streckte seine Äste wie Arme aus und seine Zweige wie Klauen, die an der Scheibe kratzten, wie Zombies in einem schlechten Spätfilm. Die Blumen mit den schönen, bunten Gesichtern sahen gespenstisch aus, geradezu böse, wie sie von draußen die Leckereien anstarrten, Sarah anstarrten, sie alle anstarrten, wie sie alles beobachteten und darauf warteten, dass etwas geschah. Sarah begriff nicht, wie und wo Ellie gejätet haben mochte. Sie konnte sich nicht erklären, wie sie auch nur einen Schritt aus dem Haus getreten war.

»Na? Was sagst du?«, fragte Lila.

Ellie stand neben dem Tisch und hielt ihren Stock in der Hand, dessen Spitze sich in einen Riss in den Terrakottafliesen bohrte.

In diesem Raum klang Sarahs Stimme noch kleiner, als sie schließlich sagte: »Ich möchte jetzt nach Hause.«

»Was?«, fragte Lila erschrocken. »Warum?«

Sarah ging nicht auf Lila ein und sah Ellie an. »Ich möchte jetzt bitte nach Hause«, wiederholte sie höflich.

»Ich rufe deine Mutter an«, sagte Ellie gelassen, als hätte sie nichts anderes erwartet.

»Warum denn?« Lila blickte zwischen Ellie und Sarah hin und her, als gäbe es etwas, das die beiden wussten und sie nicht. »Bist du krank? Magst du keine Törtchen? Du musst keine essen.«

»Komm, Lila«, sagte Ellie sanft. »Bedränge Sarah nicht so. Du möchtest sicher am Tor auf deine Mutter warten?«

Am Tor. Das immer noch ein Stückchen offen stand. Sarah konnte es gar nicht erwarten, endlich hindurchzugehen.

Sarah nickte, doch dann erinnerte sie sich an ihre Manieren. »Ja, gern.«

Wenig später saßen Lila und Sarah nebeneinander auf der Mauer, baumelten mit den Beinen und ließen die Hacken gegen die bröckelnden Ziegel prallen. Keine sagte ein Wort, bis endlich das Auto von Sarahs Mutter zu sehen war.

»Danke für die Einladung«, sagte Sarah höflich. Sie war erleichtert.

»Es hat dir keinen Spaß gemacht. Du warst nur ganz kurz da. Ich konnte dir nicht mal mein Versteck hinten im Garten zeigen.«

Sarah schauderte. Sie sprang von der Mauer, als das Auto vor ihnen hielt, und umarmte Lila liebevoll.

»Sehen wir uns im Sommer mal?«, fragte Lila.

Sarah nickte.

Doch sie würden sich nicht sehen.

Sarah winkte ihrer Freundin vom Beifahrersitz aus zu und gab acht, nicht zum Haus zurückzublicken. So etwas brachte Unglück, das wusste sie.

»Was war denn, Schätzchen, habt ihr euch gestritten?«, fragte ihre Mutter.

Sarah schüttelte den Kopf.

»Ist dir nicht gut?«

Wieder schüttelte sie den Kopf.

Die Mutter fühlte ihr die Stirn. »Heiß bist du nicht.«

»Nein.«

»Ist etwas passiert?« Ihre Mutter fragte nun eindringlicher, und Sarah wusste, dass sie es ihr erklären musste, sonst würde es ewig so weitergehen. Sie würde sogar ihren Vater in ihr Zimmer schicken, wenn er von der Arbeit kam, damit er sie ausfragte, auf diese verdrehte, indirekte Weise, die sie immer so durchschaubar fand, auch wenn die Eltern dachten, dass Sarah nicht wusste, was sie im Schilde führten.

Also sagte sie es.

»Da waren alle Spiegel mit schwarzen Tüchern verhängt. Jeder einzelne Spiegel in jedem einzelnen Zimmer. Überall schwarze Tücher.«

Die Mutter schwieg. Überlegte.

»Wurde denn gerade renoviert?«

Sarah schüttelte den Kopf. »Lila hat gesagt, ihre Großmutter mag keine Spiegel.«

Ihre Mutter schwieg, doch dann tat sie munter und

sagte: »Tja, da haben wir's, die Großmutter mag eben keine Spiegel. Jeder hat seine Vorlieben, Sarah, das wirst du im Lauf des Lebens lernen. Es leuchtet einem nicht immer ein, aber so ist es nun mal.«

»Warum mag sie die denn nicht?«

»Vielleicht sieht sie sich selbst nicht gern, Schätzchen. Manche Leute sind eben so.«

»Mama, daran kann es aber nicht liegen.«

»Warum nicht?«

»Weil die Großmutter blind ist.« Sarah dämpfte ihre Stimme und flüsterte, obwohl das Haus schon weit hinter ihnen lag. »Sie hat gar keine Augen.«

Lila wusste nicht, warum ihre Grellie keine Spiegel mochte. Sie wuchs einfach mit dem Wissen auf, dass es so war, genau wie sie wusste, dass ihr Vater keinen Zucker im Tee haben wollte und dass ihre Mutter es nicht ertrug, im Kino oder im Theater mitten in einer Reihe zu sitzen. Sie wusste nicht, warum ihr Vater süßen Tee nicht mochte und warum ihre Mutter an einer leichten Klaustrophobie litt, sie wusste nur, dass es so war, und das genügte ihr.

Grellie sagte immer nur: »Es war der Preis der Freiheit.« Niemand hatte das verstanden, und das Rätsel war damit nicht gelöst. Also wusste Lila nicht, warum es so war, doch sie dachte sich auch nichts dabei. Dann waren die Spiegel eben schwarz verhängt, und es war in den Zimmern dunkler als bei den meisten anderen Leuten. Es störte sie nicht, dass sie nicht wusste, warum ihr Vater keinen Zucker in den Tee nahm und warum ihre Mutter jedes Mal glaubte, dass die Wände näher rückten, wenn sie in der Mitte einer

Reihe saß. Auch wenn Sarah das Haus überstürzt verlassen hatte und Lila anschließend in der Schule immer wieder Gerüchte über ihre komische blinde Großmutter hörte, die sich vor Spiegeln fürchtete und allein in einem Haus auf den Klippen wohnte – sie konnte damit leben, nichts darüber zu wissen und sich nicht darum zu kümmern.

Und doch.

Sie hätte fragen sollen.

Juli 2010

»Hör auf, mich anzurufen.« Lila lachte in ihr Handy. »Wenn man miteinander spricht, bringt das Unglück oder so.«

»Es bringt Unglück, wenn man sich sieht, aber das ist auch kompletter Blödsinn«, antwortete Jeremy. »Ich habe gerade angefangen, mir Gedanken zu machen, ob du auch kommst. Du bist nicht ans Telefon gegangen.«

»Ich bin nicht ans Telefon gegangen, weil ich wusste, dass du es bist, und dass das Unglück bringt. Natürlich komme ich, und jetzt hör bitte auf, dir Gedanken zu machen.«

»Es bringt kein Unglück, und ich habe mir nur Gedanken gemacht, weil du nicht ans Telefon gegangen bist.«

Beide lachten.

»Bleib mal dran, ich bin auf dem Weg zu Grellie und muss mich konzentrieren. Ich stelle dich auf Freisprechen.«

»Ist noch jemand bei dir im Auto?«

»Nur ich und das Kleid.«

»Hallo, Kleid, ich kann es gar nicht erwarten, dass du heute Nacht im Hotelzimmer auf dem Boden liegst.«

Lila lachte. »Es war so teuer, dass ich es nie wieder ausziehen werde. Jetzt muss ich aber fahren, ich bin am Bishop's Gap.«

»Na dann viel Spaß.« Jerry scherzte über das steile Gelände auf dem Weg zu Grellies Haus, wie es alle ständig taten. »Aber eine Sache noch. Hol erst mal tief Luft.«

Lila stöhnte vorsorglich auf.

»Der Mann vom Hotel hat angerufen. Er meint, der Ballsaal würde erlesener aussehen – das hat er gesagt, nicht ich –, wenn die Spiegel so bleiben, wie sie sind.«

»Nein. Jetzt habe ich so viel Geld für schwarzen Stoff ausgegeben, jetzt will ich sie auch verhängen. Und in ihrem Zimmer? Will er den Stoff da auch herunternehmen?«

»Nein, das Zimmer findet er so in Ordnung, es geht nur um den Ballsaal. Er möchte, dass die Gäste den Raum richtig sehen.«

»Mensch, es ist meine Hochzeit und nicht seine.«

Schweigen. Aber nicht lange.

»Liebling … sie merkt es doch gar nicht.«

»Jeremy.«

»Tut mir leid.«

»Ich fasse es nicht, dass du das gesagt hast.«

»Ich weiß, ich nehme es zurück. Tut mir leid.«

»Wenn das nämlich so ist, dann sorge ich dafür, dass im Menü wieder Ziegenkäse vorkommt, damit deine Mutter von ihrer eingebildeten Allergie geheilt wird.« Lila schäumte.

»Lila. Reg dich ab. Ich habe gesagt, es tut mir leid. Ich weiß. Ich verstehe das alles vollkommen, und ich liebe Grellie genauso abgöttisch wie du. Ich wollte nur eine dumme Situation positiv sehen.«

»Das ist keine dumme Situation. Ruf ihn an und sag ihm, dass er die Vorhänge aufhängen soll, sonst tue ich es selbst.«

»Gut, wird gemacht, aber jetzt reg dich ab und konzentrier dich auf diese Straße.«

Lila versuchte, sich zu beruhigen, wartete, dass ihr kochender Zorn abkühlte.

»In zwei Stunden bist du meine Frau«, sagte er, und sie konnte das Lächeln in seiner Stimme hören.

»Dann kann ich mein wahres Gesicht zeigen, weil ich mir endlich einen Mann geangelt habe, und muss mich nicht mehr wie eine Heilige benehmen«, sagte sie boshaft.

Er lachte. »Sprach da jetzt gerade die Heilige?«

Sie lächelte und betrachtete sich im Rückspiegel. Sie sah glücklich aus. Sie war glücklich. So glücklich wie nie zuvor.

»Ich liebe dich, Äffchen«, sagte er.

»Ich dich auch, Nilpferd«, sagte sie und lächelte sich im Spiegel zu.

Sie legte gerade auf, als Grellies Haus in Sicht kam, und ihre Aufregung stieg. Sie konnte sich keine bessere Gesellschaft für diesen besonderen Vormittag denken und keine bessere Begleitung auf dem Weg zum Altar.

Die Haustür öffnete sich, noch bevor Lila den Motor abstellte, und obwohl sie Grellie durch das Dickicht des Gartens noch gar nicht sehen konnte, spürte sie schon, dass auch ihre Großmutter aufgeregt war. Die Aufregung wehte unter dem verwitterten schwarz-weißen Bogen hervor, der die Tür überspannte, und dann über Glockenblumen und

Nesseln, Hortensien und Löwenzahn hinweg, hüpfte über die zersprungenen, wahllos verlegten Steinplatten im Gras und begrüßte sie am knarrenden Gartentor, das nur noch in einer Angel hing.

Lila trug das Kleid auf den Armen wie ein erschöpftes, schlafendes Kind. Als sie vor Grellie stand, hielt sie es ihr hin.

Grellies Hand streckte sich daraufhin aus und tastete nach dem Stoff. Die alten Finger glitten anmutig wie eine Spitzentänzerin über die Seide hinweg.

»Es ist gebrochen weiß.« Lila flüsterte, weil sie nicht wollte, dass Grellies Sinne durch Laute beeinträchtigt wurden.

Grellie schwieg, während sie das Kleid mit den Fingern untersuchte. Lila schloss die Augen und lauschte der Brandung, die unter ihnen toste, dem Wind, der durch den wuchernden Garten fuhr, und wenn sie nicht im Begriff gewesen wäre, den Mann zu heiraten, den sie liebte, hätte sie sich vielleicht gewünscht, dass dieser Augenblick nie vergehen würde.

Grellies Finger strichen über den Stoff wie die einer Konzertpianistin, und als sie ihr Spiel beendet hatten, ruhten die Finger, sie schlug die Hände zusammen und hielt sie vor ihr lächelndes Gesicht.

»Wie schön«, sagte sie.

Lila hängte das Kleid in Grellies Schlafzimmer auf und ging dann hinunter zu ihr in die Küche. Wie immer stand der Wintergarten voller Leckereien, die Grellie gebacken hatte.

»Grellie«, lachte Lila, »ich habe doch gesagt, das sollst du nicht, ich kann das nicht essen, sonst passe ich nicht in mein Kleid.«

»Ach, du hast ja recht«, sagte Grellie entschuldigend, »ich wusste nur nichts mit mir anzufangen, also bin ich um drei Uhr aufgestanden und habe angefangen zu backen.«

»Um drei?!«

»Ich konnte nicht schlafen«, lachte sie. »Ich bin so aufgeregt. Ach Lila!« Sie nahm ihre Hand und hielt sie fest, mit ihren beiden Händen, die noch warm vom Backen waren. »Deine Eltern wären so stolz.«

»Oh, nicht«, sagte Lila, zog ihre Hand zurück und wischte sich den Augenwinkel. »Du ruinierst mir noch mein Make-up.«

»Hast du es schon aufgelegt?«

»Louise hat mich heute Morgen frisiert und geschminkt. Meine Hände haben so gezittert, da habe ich mich selbst nicht getraut«, log Lila.

Grellie schwieg eine Weile, als sie begriff. Natürlich. Lila konnte so etwas selbst. Doch sie brauchte ein Spiegelbild, um sich zu frisieren und zu schminken.

»Wie geht es dir bei dem Gedanken, heute auszugehen?«

Grellie hatte das Haus seit über fünfzig Jahren nicht mehr verlassen. Seit dem Vorfall.

»Weißt du was? Ich freue mich darauf.« Grellie grinste.

»Wenn meine Eltern doch dabei sein könnten.«

»Das sind sie doch. Sie sitzen ganz bestimmt in der ersten Reihe. Dein Vater hat nie ein Fest ausgelassen. Bei jedem Wettbewerb und jeder Aufführung, immer in der ersten Reihe, um sein Mädchen zu sehen.«

»Die Drittbeste in ganz Europa«, sagte Lila, und beide lachten.

Lila war bei einem Wettbewerb in irischem Tanz einmal Dritte geworden, und ihr Vater hatte überall herumerzählt, dass seine Tochter die Drittbeste in ganz Europa war. In Wirklichkeit hatte Lila den letzten Platz belegt, denn es waren nur drei Mädchen zum Wettbewerb angetreten.

»Ach, was würde er wohl heute über mich sagen?« Lila lachte und weinte zugleich.

»Die beste Braut in der ganzen Kirche«, sagte Grellie mit tiefer Stimme, um ihn zu imitieren. »Hundertprozentig, hundertprozentig die beste Braut in der ganzen Kirche.«

Beide lachten.

»Ach Grellie, was würde ich ohne dich anfangen? Du bist meine Rettung.«

»Ach, und ich ohne dich, mein Liebes.«

Sie umarmten sich.

»Jetzt aber Schluss mit dem Unsinn.« Grellie nahm sich zusammen. »Jetzt stecken wir dich in dieses Kleid, sonst denkt Jeremy noch, du hast es dir anders überlegt.«

»Oh«, Lila quietschte vor Aufregung, »ich bin sofort wieder da.«

Als sie atemlos die dunkle Holztreppe hinaufstürmte wie in so vielen Jahren als Kind, setzte sie ihre Füße immer genau auf die ausgetretenen Stellen. In Grellies Schlafzimmer lächelte sie beim Anblick ihres Kleids, das außen an der Schranktür hing. Es war düster im Zimmer, obwohl die Vorhänge offen waren. Der Spiegel über der Frisierkommode war schwarz verhängt, und den hohen Spiegel an der Wand verdeckte eine Sperrholzplatte, die dort festgenagelt war. Es versetzte Lila einen Stich, dass sie sich nicht fertig angezogen mit Frisur und Make-up betrachten konnte. Die Leute in der Kirche würden die Ersten sein, die sie sahen. Gut möglich, dass sie Lippenstift auf den Zähnen hatte.

Nein, das wollte sie nicht. Nicht am Tag ihrer Hochzeit.

Sie ging nach nebenan in das Zimmer, das sie nie hatte betreten dürfen, denn dort befand sich der beste Spiegel im Haus. Ein frei stehender hoher Spiegel. Lila war viele Male in diesem Zimmer gewesen, ohne je hineinzusehen. Sie achtete Grellies Wünsche. Doch heute war ihr Hochzeitstag, und sie würde nun zum ersten Mal in achtundzwanzig Jahren ungehorsam sein. Wenn Grellie es je erfuhr, obwohl es keinen Grund zu der Annahme gab, dass sie es je erfahren würde, dann musste sie ihr eben alles erklären. Der bisher wichtigste Tag in ihrem Leben. Grellie würde das verstehen. Und selbst wenn sie es nicht verstand, würde sie ihr doch verzeihen.

Das unbenutzte Schlafzimmer roch feucht wie ein Raum, der nie gelüftet wurde, war muffig wie einer, den niemand putzte, und eisig wie einer, in dem seit über fünfzig Jahren nicht mehr geheizt worden war.

Lila kam sich wie ein unartiges Schulmädchen vor, als sie das schwarze Tuch zur Seite zog. Fast erwartete sie, dass ihr ein Monster entgegensprang. Das Herz klopfte ihr bis zum Hals. Doch dann lag der Spiegel frei, und sie staunte über das, was sie in ihm sah. Sich selbst. Nur sich selbst. Hübsch sah sie aus. Schön. So erwachsen in diesem Kleid. Ihr kamen die Tränen, und sie kam sich lächerlich vor, weil sie sich wegen eines Kleids so eitel benahm. Sie trat ein paar Schritte zurück, um sich ganz zu sehen. Einfach perfekt. Sie fand sich perfekt. Sie dachte an ihre Kindheit, die nun ein für alle Mal vorüber war, an ihre Eltern, an so vieles, was sie verloren hatte, und an die Freude auf das, was nun kam. Albern. Und nur, weil sie dieses Kleid trug.

Als ihre Augen wieder feucht wurden, lachte sie über sich selbst und versuchte, sich Luft zuzufächeln, damit die Tränen nicht fielen und ihr das Make-up verdarben. Doch es war zu spät. Eine lief ihr schon über die Wange.

»Verdammt.« Sie trat näher an den Spiegel heran, um nachzusehen, ob ihr Augen-Make-up Schaden genommen hatte.

Nur ein bisschen verschmiert.

Lila gab sich Mühe, das Make-up mit den Fingerspitzen zu richten. Es war die letzte Gelegenheit, denn sie würde erst nach der Kirche wieder in einen Spiegel sehen, und dann war es zu spät.

Aus der Nähe sah sie, dass sich ihre Stirn plötzlich in Falten legte. Ganz plötzlich. Sonderbar, wo sie die Stirn doch gar nicht runzelte. Ausgerechnet am Tag ihrer Hochzeit zeigten sich also Falten. Großartig.

Sie legte die Finger an die Stirn, um nach den Unebenheiten zu tasten, doch die Finger im Spiegelbild fügten sich merkwürdigerweise nicht. In Lilas Kopf blinkten Warnlämpchen auf.

»Lila«, hörte sie Grellie rufen.

Sie konnte nicht antworten, weil sie nicht wollte, dass Grellie ihre Stimme aus dem unbenutzten Schlafzimmer hörte. Auf einmal wollte sie nichts mehr erklären. Sie hatte einen Fehler gemacht, das wusste sie. Und sie hatte immer gewusst, dass Grellie ein vernünftiger Mensch war, dass es ganz sicher einen Grund für ihre Ängste gab. Daran hatte sie immer geglaubt, das hatte sie immer respektiert, doch erst jetzt erkannte sie es wirklich an.

Erschrocken richtete sie sich auf. Diesmal tat ihr Spiegelbild dasselbe. Lila lachte. Ihre Fantasie hatte ihr einen Streich gespielt. Sie streckte die Hand aus und berührte den Spiegel.

»Lila, ist da oben alles in Ordnung?«

Plötzlich drehte sich die Hand im Spiegel um und packte zu. Lila spürte Fleisch, eiskaltes Fleisch. Etwas zog sie durch das Spiegelglas, das sie auf der Haut wie einen kalten Luftstoß spürte. Schließlich stand sie vor sich selbst im Hochzeitskleid. Als sie nach rechts blickte, sah sie das Zimmer wie auf einem Fernsehschirm. Das schlichte Bett mit dem Kopfteil aus Messing, die dunklen Bodendielen, die nicht so abgenutzt waren wie in den anderen Zimmern. Die weißen Wände, den verstaubten Nachttisch. Einen Stuhl an der Wand. Sonst nichts. Leere, wo sie gestanden hatte. Eine geschlossene Tür.

»Tja, da lernen wir uns endlich persönlich kennen«, sagte die junge Frau, die ihr gegenüberstand. Sie klang nicht wie Lila und sah bei näherer Betrachtung auch ein wenig anders aus. Hinter den Augen fehlte etwas. Sie waren tot und kalt.

Lila sah sich um. Das Zimmer, in dem sie stand, war das genaue Spiegelbild des unbenutzten Schlafzimmers. Das Bild, das Bett, das Nachtschränkchen, die Tür. Nur seitenverkehrt.

»Lila!« Wieder hörte sie Grellie.

»Ich bin hier!«, hörte sie ihre eigene Stimme schreien. Verzweiflung. Panik.

»Sie kann dich nicht hören«, sang die Stimme.

Als Lila sich zum Spiegel wandte, um hindurchzugehen, stieß sie an Kälte. An ein kaltes Nichts. An eine Wand aus Kälte.

»Und du kannst nicht raus«, fuhr die Singsangstimme fort.

»Wer bist du?« Als Lila endlich etwas sagte, zitterte ihre Stimme vor Wut und Angst.

»Tja«, sagte die junge Frau und blickte an sich herab. »Heute bin ich wohl die Braut. Daaaa-daaaa-da-daa-daa-daa-daa …«, sang sie und lachte.

»Wer zur Hölle bist du?«

»Also wirklich, das wirft mich jetzt um. Du schaust mich täglich an und siehst mich nicht?«

Lila machte den Mund auf und gleich wieder zu. Sie hatte keine Ahnung, was sie sagen sollte, und ihre Gedanken versuchten, in Lichtgeschwindigkeit zu ergründen, was hier geschah. Spielte man ihr einen Streich? Stellten ihre Freundinnen am Morgen ihrer Hochzeit grausame Scherze mit ihr an? Doch Lila wusste, dass es nicht so war. Alles wirkte zu echt, es konnte keine Einbildung sein. Ihr Instinkt sagte ihr, dass sie sich ernsthaft in Gefahr befand.

»Also, ich sehe dich jeden Tag«, fuhr die junge Frau fort. »Ich schaue dir jeden Tag entgegen. Du bist nicht so perfekt, wie du tust, stimmt's?« Sie lächelte verschlagen.

»Ich will hier raus«, sagte Lila nun kalt. »Lass mich verdammt noch mal hier raus. Sonst …«

»Sonst was?«, sagte die junge Frau lächelnd, weil sie die Herausforderung genoss. »Willst du mir was tun?«

Lila sah sich in dem spiegelverkehrten Zimmer um und suchte es nach einer möglichen Waffe ab. Sie war sehr wohl in der Lage, sich zu verteidigen. Wenn man eine Großmutter ohne Augen hat, die sich vor Spiegeln fürchtet und ein verwildertes Haus an der Spitze der Landzunge bewohnt, das sie seit über fünfzig Jahren nicht mehr verlässt, dann lernt man, sich zu verteidigen. Das konnte sie, und das würde sie tun.

Lila sah sich um.

Als ihr Blick auf das Nachtschränkchen fiel, fiel ihr wieder ein, dass sie dort einmal einen Brieföffner versteckt hatte, als sie mit einer Freundin spielte. Sie hatte Angst gehabt, ihn mit nach unten zu nehmen, weil Grellie nicht wissen sollte, dass sie diesen Brieföffner besaß. Also hatte sie ihn dort liegen lassen, all die Jahre. Lila ging geradewegs auf das Schränkchen zu, und ihre Schleppe fegte dabei durch den gespiegelten Staub auf dem Boden, ohne ihn aufzuwirbeln. Sie öffnete die Schublade.

Die junge Frau warf den Kopf zurück und lachte. »Was machst du denn da?«

Die Schublade war leer. Lila blickte in ein schwarzes Loch, denn die Schublade hatte nicht einmal einen Boden.

»Verstehst du denn nicht? Das ist alles nur Kulisse. Hier ist gar nichts echt. Das ist ein Spiegelbild. Es ist nicht echt.«

»Dann bist du auch nicht echt«, fauchte Lila zurück. »Das bedeutet, dass auch du nur ein Spiegelbild bist, dass du nichts bist, dass du nicht echt bist.«

»Lila, im Moment ist hier nichts so echt wie ich. Ich bin die Einzige, die dich hier rauslassen kann.«

Lila schluckte.

»Lila!« Grellie rief nach ihr. Ihre Stimme war jetzt lauter, nicht nur, weil sie so eindringlich rief, sondern auch, weil sie näher kam. Lila hörte ihre Schritte auf der Treppe. Sie wusste nicht recht, ob sie wollte, dass Grellie das Zimmer betrat. Wahrscheinlich würde sie ohnehin nicht hereinkommen. Nicht bemerken, dass das Tuch weggezogen worden war. Es sei denn, sie tastete sich hin, doch Lila wollte nicht, dass Grellie das Glas berührte.

»Da kommt sie ja«, sagte die junge Frau und zog eine Augenbraue hoch. Sie sah aus, als wolle sie gleich ein ganzes Festessen verspeisen, nachdem sie eine Ewigkeit gehungert hatte. »Ich habe das Miststück lange nicht mehr gesehen. Sie mich wahrscheinlich auch nicht.« Die junge Frau kicherte. »Weißt du, es war wirklich gut, auf die alte Kuh zu hören. Du hast kein einziges Mal in einen der Spiegel gesehen. Achtundzwanzig Jahre lang, Lila. Warum nicht? Hattest du Angst?«

Sie wartete Lilas Antwort nicht ab.

»Und ausgerechnet heute musst du ungehorsam sein.« Sie mokierte sich wie über ein unartiges Kind. »Am wichtigsten Tag deines Lebens? Sieht ganz so aus, als wäre es an mir, heute Nacht mit Jeremy zu schlafen. Das macht sicher Spaß.«

Lila konnte nicht anders. Sie holte aus und schlug der jungen Frau ins Gesicht. Die eisige Kälte der Wange stach ihr in die Hand. Der Kopf der jungen Frau wurde zur Seite geschleudert. Sie hielt sich die Wange, und dann fing sie an zu lachen.

»Tja, jetzt wird es mir erst recht Spaß machen. Vielleicht tun wir es ja vor dem Spiegel, damit du zusehen kannst. Das gefällt Jeremy doch bestimmt, meinst du nicht? Dir sicher auch, wenn ich mich recht erinnere. Hieß er nicht Vincent? Der in der Toilette? Wirklich, Lila, ich wusste gar nicht, dass du zu so was fähig bist. Ob Jeremy wohl von ihm weiß? Vielleicht ist die Hochzeitsnacht ein guter Anlass, alle Geheimnisse zu gestehen.« Sie zwinkerte.

»Wenn du glaubst, ich lasse zu, dass du mein Leben übernimmst, dann irrst du dich.«

»Aber sicher. Du denkst, ich nehme dir dein Leben nicht einfach weg, ohne zu fragen, stimmt's? Das wäre ja unhöflich.«

»Meine Antwort lautet nein.«

»Ich habe dich noch nicht gefragt. Du weißt nicht, welche Alternativen es gibt. Du hast dreimal Gelegenheit, Ja zu sagen.«

»Es gibt gar keine Alternativen. Ich gehe durch diesen Spiegel zurück«, sagte Lila mit eiserner Entschlossenheit.

»Du kannst mir deine Augen geben«, sagte die junge Frau nun todernst.

»Was? Nein!« Lila wich einen Schritt zurück.

»Lila!« Wieder hörte sie Grellie rufen, und allmählich klang es wütend. »Komm sofort her. Wo bist du denn?«

Sie hörte, wie nebenan die Tür zu Grellies Schlafzimmer geöffnet wurde. Es würde eine Weile dauern, bis sie sich durch den Raum getastet und festgestellt hatte, dass sie nicht dort war.

»Ich bin hier, ich bin hier drin!«, schrie sie.

»Sie kann dich nicht hören«, sang die junge Frau. »Jetzt gib mir deine Augen.«

»Nein!« Lila schrie sie jetzt an. »Das ist nicht witzig. Ich will hier raus. Lass mich raus!«

Die junge Frau holte tief Luft. »Du hörst nicht richtig zu, Lila. Dir bleibt noch eine Gelegenheit.«

»Bist du verrückt? Warum sollte ich dir meine Augen geben?«

»Das ist der Preis der Freiheit«, sagte sie schlicht.

»O mein Gott«, flüsterte Lila, und ihr Herz klopfte wild. »Du hast ihr die Augen weggenommen.«

»Ja, das ist etwas unappetitlich«, sagte die junge Frau und rümpfte die Nase. »Nicht besonders schön. Deswegen habe ich mich auch geweigert, als ich in deiner Lage war, doch deine Großmutter, die war schlau. Sie hat die Freiheit gewählt. Bei dir weiß ich nicht recht. Du … Du bist eitel. Und machst es vielleicht nicht. Aber du bist meine einzige Chance. Ich warte schon lange. Sie hat es mir nicht besonders leicht gemacht.«

»Wie lange bist du schon hier?«, fragte Lila.

»Es geht nicht um höfliches Geplauder, Lila. Ich bin hier lange genug. Und du hast noch eine Gelegenheit.« Sie holte tief Luft, als hinge ihr Leben davon ab.

»Du hast das Leben meiner Großmutter zerstört«, sagte Lila wütend. »Ich lasse nicht zu, dass du mir dasselbe antust, niemals.«

»Also, wie lautet die Antwort? Ja oder nein?«

»Nein«, sagte Lila trotzig.

Das Gesicht der jungen Frau wurde weich, sie lächelte

und atmete lange aus, als hätte sie jahrelang die Luft angehalten.

»Danke«, sagte sie schlicht, und auch ihre Stimme klang weich.

»Was?«

»Pass auf dich auf. Es wird kalt hier drin. Man sieht sich.«

Die junge Frau trat vor den Spiegel, und ein kalter Luftstrom trug sie auf die andere Seite. Lila jagte ihr nach, doch wieder prallte sie gegen ein kaltes, eisiges Nichts. Sie sah zu, wie sich die junge Frau im Spiegel betrachtete. Lila spürte, dass sie sich ganz von selbst mit ihr bewegte. Sie richtete sich das Haar, als die junge Frau es tat, und wischte sich zugleich mit ihr die verschmierte Wimperntusche weg. Die junge Frau holte tief Luft. Zwinkerte.

»Ich komme, Großmutter!«, rief sie honigsüß.

Großmutter, hörte Lila. Grellie würde es wissen. Ganz sicher. Als die junge Frau das schwarze Tuch wieder über den Spiegel breitete, war nichts mehr da. Gar nichts. Nur Finsternis. Der Stuhl, das Bett, die Tür, das Bild, das Nachtschränkchen. Alles war fort. Es war so still, dass sie nur ihren eigenen Atem hörte. Und es war kalt.

Grellie war mit ihrer Weisheit am Ende. Sie hatte überall nachgesehen, hatte die Wände und den Fußboden in ihrem Schlafzimmer abgesucht, falls Lila ohnmächtig geworden war. Sie wollte gerade Jeremy anrufen, als ihr ein Gedanke kam. Ein verzweifelter Gedanke. Sie hat doch wohl nicht. Allmächtiger Gott, bitte nicht.

Sie tastete sich zu dem unbenutzten Schlafzimmer hin.

Es war lange her, dass sie durch diese Tür gegangen war. Dieses Zimmer hatte sie seit einer Ewigkeit nicht mehr betreten. Damals war sie eine andere Frau gewesen. Sie und ihr Ehemann hatten das Haus von seiner Mutter geerbt, und sie war dabei gewesen, es zu erkunden. Beide waren gerade eingezogen und aufgeregt an diesem ersten Tag im ersten gemeinsamen Haus, und dann hatten sie sich getrennt voneinander verschiedene Zimmer angesehen. Ellie hatte sich dieses ausgesucht.

Danach hatte ihr Mann sie verlassen. Sie und ihre kleine Tochter. Er kam nach dem Vorfall nicht mehr mit ihr zurecht. Ein Nervenzusammenbruch, hieß es. Selbstverletzendes Verhalten.

Vor der Tür blieb sie stehen, und ihre Hand bebte, als sie nach dem Knauf griff. Ihr war übel, und ihre Knie zitterten so sehr, dass sie kaum stehen konnte.

Dann hörte sie die Stimme.

»Ich komme, Großmutter!«

Da wusste sie es.

Sie wusste sofort, dass Lila in den Spiegel gesehen hatte, dass sie sich geweigert hatte, wie Grellie für ihre Freiheit zu bezahlen. Ihr wurde schlecht.

Die Tür ging auf.

Dort stand jemand; jemand stand dort und betrachtete sie eine ganze Weile, während sie zurückwich und nach etwas griff, woran sie sich festhalten konnte. Nach etwas, das sie aufrecht hielt. Ein kalter Luftstoß wehte sie an. Dann endlich ein Wort.

»Was ist denn los?«

Grellie war unverwüstlich und riss sich zusammen. »Lila, mein Liebes«, keuchte sie. »Meine Herztabletten. Hol mir meine Herztabletten.«

»Was ist denn? Wo sind sie? Ich hab's vergessen.«

»Denk daran, was der Arzt gesagt hat«, fuhr Grellie fort.

»Ich weiß ja, ich weiß, dass du aufpassen musst. Wo sind sie denn?«

Mit Grellies Herz war alles in Ordnung.

»In meinem Bad.«

Das Wesen ging auf das Zimmer zu, von dem es annahm, dass es Grellies Schlafzimmer war. Grellie hätte gehört, wenn sie vom Teppich im Schlafzimmer auf den Fliesenboden im Bad getreten wäre, doch es rührte sich nichts. Also war sie noch im Schlafzimmer.

»Ich kann sie nicht finden.«

»Bist du im Bad?«

»Ja, sicher.«

Ellie hatte die junge Frau auf die Probe gestellt und wusste nun, dass sie ihren Tod wollte. Doch Ellie hatte schon vor über fünfzig Jahren nicht aufgegeben, und sie würde jetzt nicht damit anfangen.

Rasch ging sie nach unten.

»Wo willst du denn hin?«, fragte die Frau, als sie an der Treppe erschien.

Ellie geriet in Panik, versuchte aber, sich nichts anmerken zu lassen, während sie zur Haustür ging. Sie öffnete die Tür, denn sie wusste, dass hinter dem Gartentor ein Wagen wartete.

»Der Fahrer ist da, wir müssen gehen.«

»Oh!« Lila klang jetzt entspannter. »Jetzt wird geheiratet!«

»Geh du schon zum Wagen, ich möchte noch kurz telefonieren«, sagte Ellie leichthin.

»Wen rufst du denn an?« Lila stand sofort neben ihr. Und mit ihr kam diese kalte Luft.

»Jeremy, ich will ihm nur sagen, dass wir jetzt fahren.«

»Ich komme mit.«

Sie wusste es. Sie wusste, dass Ellie es wusste.

»Jeremy«, sagte Ellie ins Telefon, nun ohne jede Aufregung. »Wir gehen jetzt aus dem Haus.«

»Ist alles in Ordnung?«, fragte Jeremy besorgt.

»Warum?«

»Du klingst … du klingst so niedergeschlagen.«

Ellie schwieg kurz und bedeutungsvoll. Er sollte glauben, dass etwas nicht stimmte. Er sollte merken, dass es nicht Lila war, die in der Kirche neben ihm stand.

»Grellie?«

»Ja?«

»Keine Sorge, es passiert nichts. Wir passen heute auf dich auf. In Ordnung?«

Ellie schluckte hörbar. »Bis gleich.«

Im Wagen sprachen die beiden Frauen nicht miteinander. Sie sprachen auch beim Aussteigen nicht. Erst als sie am Tor ankamen und die Flügel geöffnet wurden, flüsterte die junge Frau in Ellies Ohr: »Stell dir vor, jetzt steckt die arme Lila ganz allein in diesem schwarzen Nichts. Da geht es uns doch viel besser.«

Der Hochzeitsmarsch begann.

Ellie flüsterte zurück: »Ja, aber da wird sie nicht lange bleiben, also hab deinen Spaß und geh allein zum Altar.«

Ellie spürte, dass die junge Frau überrascht war. Sie hatte wahrscheinlich erwartet, dass Ellie mitspielen würde, doch das würde sie nicht tun, niemals. Sie trat zur Seite, obwohl sie keine Ahnung hatte, wo sie sich befand, und als sie spürte, dass sich die junge Frau entfernte, wusste sie, dass sie die Stufen hinaufgegangen war und nun durch den Mittelgang schritt.

Jemand führte Ellie zu einem Sitz, wo sie Platz nahm und mit Übelkeit im Magen der Trauung lauschte. In Jeremys Stimme lag so viel Gefühl, und die der jungen Frau klang eiskalt.

Nach der Zeremonie kam Jeremy auf Ellie zu.

»Grellie, ist alles in Ordnung? Lila sagte, du fühlst dich nicht wohl und dass du sie nicht zum Altar begleiten konntest.«

Sie packte ihn, suchte sein Ohr und spürte, wie sich ihre Nägel in seinen Arm gruben, als sie ihm klarzumachen versuchte, was vorging.

»Jeremy, hör mir zu, ich weiß, du hältst mich für verrückt …«

»Natürlich nicht«, unterbrach Jeremy.

»Hör zu.« Sie grub ihre Nägel fester in seinen Arm. »Vor zweiundfünfzig Jahren habe ich in einen Spiegel gesehen …«, und sie erzählte ihm die ganze Geschichte. Als sie fertig war, herrschte Schweigen. »Stell sie auf die Probe, Jeremy. Stell sie einfach auf die Probe, sage ich dir. Tu es für mich.«

»Ist gut, Grellie, ist gut.«

Er glaubte ihr nicht, das wusste sie und das hatte sie

geahnt, doch ihre Saat war gesät. Ganz gleich, wie viele Jahre er mit dieser Frau verbringen würde, zumindest würde er immer Ellies Worte im Ohr haben, und vielleicht würde er ihr eines Tages glauben.

Es war, als hätte Lila in der Mitte eines Fußballstadions gestanden, ohne es zu merken, denn plötzlich wich die völlige Dunkelheit gleißendem Licht, an das sich ihre Augen erst gewöhnen mussten. Sie war umgeben von Menschen, von vielen Menschen, die sie kannte und liebte. Sie wollte ihnen zulächeln, doch nichts bewegte sich in ihrem Gesicht. Die Leute hantierten mit Kameras und lächelten gerührt, doch sie waren nicht ihr zugewandt, sondern einer anderen Lila, der jungen Frau, ihrem Spiegelbild, das in Jeremys Armen mitten auf der Tanzfläche stand.

In dem abgedunkelten Raum, der ihr Gefängnis war, spiegelte sich all das, was sie monatelang organisiert hatte. Die weißen Rosen machten sich gut auf den Tischen, die Stühle waren mit schwarzen Schleifen dekoriert. Schwarzweiß war das Motto des Fests, damit die schwarzen Vorhänge nicht auffielen, die sie eigens hatte anfertigen lassen, um die Spiegel zu verhüllen. Doch der Stoff lag nun auf dem Boden. Und die andere stand mitten auf der schwarzweißen Tanzfläche, in ihrem Kleid, und hatte die Arme um ihren Freund geschlungen – der jetzt ihr Ehemann war. Jeremy sah ein wenig durcheinander aus. Und Grellie … die arme Grellie stand in der Menge und wirkte ganz verloren.

»Was machst du denn, Lila?«, fragte Jeremy mit zusammengebissenen Zähnen.

»Lass uns jetzt nicht streiten, alle starren uns an«, lächelte die junge Frau zurück.

»Sag mir bloß, warum du die Vorhänge abgenommen hast!«

»Was hat man davon, den Ballsaal zu buchen, wenn man dann die vielen schönen Spiegel verhängt! Ich will mich sehen.«

»Aber es geht um Grellie, nicht um dich, das weißt du doch.«

»Um wen?!«

Jeremy erstarrte.

Dann lachte sie. »Ach, natürlich, ich weiß, wen du meinst, wie konnte ich Grellie vergessen«, lachte sie. »Grellie, Grellie, Grellie, Ellie. Was soll's, sie kommt darüber hinweg. Sie ist heute so komisch. Ich finde, wir sollten mit ihr zum Arzt gehen, sie faselt merkwürdiges Zeug. Hat sie dir gegenüber etwas erwähnt?«

»Was denn?«

»Von einem Spiegel? Oder so?«

Jeremy betrachtete sie genau. Er spürte ihre Kälte. Und wusste, dass etwas nicht stimmte.

»Ich liebe dich, Äffchen.«

Die junge Frau lachte, war kurz verwirrt. Dann erinnerte sie sich, wie Lila am Vormittag selbstgefällig in den Rückspiegel geblickt und gesagt hatte: »Ich dich auch, Nilpferd.«

Jeremy lächelte.

Er sah erleichtert aus.

»Jetzt lass uns tanzen.«

Im Spiegel spürte Lila plötzlich, wie sich ihre Arme hoben, weil sie sich um Jeremys Hals schlangen, ohne dass sie ihn jedoch spüren konnte. Dann fing sie an, sich zu drehen. Schnell und immer schneller, rundherum, bis ihr übel wurde. Um sie herum lächelnde Gesichter, sie wollte um Hilfe rufen, gerettet werden, doch niemand sah sie an. Niemand sah in den Spiegel, denn alle betrachteten die junge Frau, die sich mitten auf der Tanzfläche drehte.

Als Ellie wieder zu Hause war, stellte sie sich vor den Spiegel.

»Es tut mir leid, mein Liebes. Es tut mir so leid. Ich würde den Platz mit dir tauschen, aber das geht nicht. Ich kann dir deine Augen nicht nehmen. Dann wäre ich dein Spiegelbild, und du würdest aussehen wie ich. Ich habe alles durchdacht. Es geht nicht. Ich habe Jeremy immer wieder angerufen, aber er geht nicht ans Telefon. Sie sind weggefahren, auf Hochzeitsreise … ach, mein Liebes, es tut mir so leid.«

Grellie überlegte, wie sie das Zimmer verschönern konnte. Sie nahm den schwarzen Stoff vom Spiegel. Sie stellte Blumen ins Zimmer, zog die Vorhänge auf, putzte, zündete im Kamin ein Feuer an, um Lila an ihrem kalten Ort zu wärmen. Sie wusste, dass es nicht möglich war, doch sie versuchte es trotzdem. Monate vergingen, ohne dass Grellie jemanden sah, sie empfing keinen Besuch und wollte nicht mit Jeremy sprechen. Sie hatte Angst, dass man sie mitnehmen und wieder dorthin bringen würde, wo sie beim ersten Mal eingesperrt worden war … Also blieb sie allein.

Eines Tages hatte sie eine Idee. Sie wollte das Zimmer neu streichen lassen und einen Maler bestellen, und sie nahm sich viel Zeit, um herauszufinden, welche Handwerker es in der Gegend gab. Dann hatte sie den richtigen gefunden.

Ein junger Mann. Fünfundzwanzig Jahre alt. Ein Pole, der ohne Familie ins Land gekommen war.

»Hier ist Ihr Tee.« Ellie stellte seinen Becher auf das Nachtschränkchen.

»Danke.«

»Gern geschehen. Möchten Sie noch ein Sandwich? Oder Kuchen?«

»Nein, danke, ich habe schon so viele leckere Sachen gegessen.« Er lächelte und klopfte sich auf den Bauch.

»Gut. Darf ich Sie um einen Gefallen bitten?«, fragte Ellie höflich.

Er hörte auf zu malen und ließ den Pinsel sinken.

»Könnten Sie mir vielleicht helfen, den Spiegel dort sauber zu machen? Ich glaube, Sie haben Farbe daraufgespritzt.«

Der junge Mann trat ganz nah an den Spiegel heran, legte einen Finger darauf und versuchte, mit dem Nagel etwas abzukratzen.

»So, Liebes, das ist jetzt deine Chance«, sagte Grellie.

Lila stand einem jungen Mann gegenüber. Er war höchstens fünfundzwanzig.

»Was ist das?«, fragte er betroffen und sah sich um.

Lilas Augen waren ganz weit.

»Ich werde dir eine Frage stellen«, sagte sie kalt. »Und du hast dreimal Gelegenheit, Ja zu sagen ...« So fing sie an.

Das Geheimnis wurde wie eine Feder mit dem Wind aus dem Haus geweht, über Löwenzahn, Disteln und Fuchsien hinweg, durch das rostige Tor hinaus, die Küste entlang bis ins Dorf, wo man von Grellie und ihrem neuen Hausgenossen sprach. Zuerst hieß es, er sei ein Mieter, ein junger Mann, der einer alten, blinden Frau im Haus behilflich war, nun, wo ihre Enkelin das Nest verlassen hatte und sonderbarerweise nie mehr wiedergekommen war. Vermutlich ein geheimnisvoller Familienstreit, dessen Rätsel die Dorfbewohner immer wieder gern zu ergründen versuchten, ohne der Wahrheit jemals auch nur näher zu kommen.

Niemand konnte verstehen, welche Verbindung zwischen dem fünfundzwanzigjährigen Polen und der achtzigjährigen Frau bestand, doch anscheinend lebte sie durch ihn auf und er durch sie.

Denn bis zum Tod der alten Frau wohnten beide glücklich zusammen im großen Haus auf der Klippe.

Nachwort

Liebe deutschsprachige Leserinnen und Leser,
wie schön, dass Sie dieses Buch in die Hand genommen haben. Die beiden Geschichten *Im Lächeln der Erinnerung* und *Das Mädchen im Spiegel* habe ich verfasst, als ich mir 2010 eine Auszeit vom Romanschreiben genommen habe. Da hatte ich gerade meine kleine Tochter bekommen. Nach den vielen aufregenden Jahren, in denen ich sieben Romane geschrieben und veröffentlicht hatte, schien es mir genau richtig, einmal eine andere Art von Erzählen auszuprobieren.

Es war Frühling, als mir die Inspiration zu *Im Lächeln der Erinnerung* kam. Irgendwie ging mir die Stimme der Hauptfigur nicht aus dem Kopf; ein Mensch, der so einsam in seiner Welt lebt und so viel Reue in sich trägt. Da musste ich einfach einen Stift in die Hand nehmen und die Geschichte dieses Mannes aufschreiben. Er hat eine Maschine erfunden, die Erinnerungen ins Gedächtnis einpflanzen kann. Das können ganz reale Erinnerungen sein, die am Verblassen sind und die man gern auffrischen möchte. Oder auch *neue* Erinnerungen – an Ereignisse, die eigentlich so nie stattgefunden haben. Für uns alle gibt es wahrscheinlich Momente im Leben, bei denen wir uns wünschen, dass wir damals anders gehandelt hätten – oder wo wir zumindest darüber nachdenken, was gewesen wäre, wenn wir uns anders verhalten hätten. Um diese Gefühle und Gedanken geht es in *Im Lächeln der Erinnerung*.

Das Mädchen im Spiegel habe ich zwei Wochen, nachdem ich geheiratet hatte, geschrieben. Es ist eine dunklere, ein bisschen unheimliche Erzählung über eine junge Frau, die sich weigert, einen Handel mit ihrem Spiegelbild abzuschließen, und mit den Konsequenzen daraus leben muss. Den Spiegel findet sie in einem ungenutzten Raum im Haus ihrer Großmutter.

Ich glaube, die beiden Erzählungen sind etwas Besonderes – und auch ein bisschen anders als das, was Sie sonst von mir kennen. Die zweite Erzählung ist ein bisschen düsterer, aber beide haben doch eine Art gemeinsame Stimme, denke ich. In den Geschichten ist Hoffnung verborgen, aber vielleicht nicht so direkt sichtbar wie in meinen Romanen. Gerade deshalb habe ich es sehr genossen, sie zu schreiben – und mich auch selbst damit ein bisschen zum Erschauern zu bringen.

Es hat mir viel Freude bereitet, in diese neue Art von Geschichten einzutauchen – und ich hoffe sehr, dass auch Sie als Leser und Leserin Freude daran hatten.

Sehr herzlich,
Cecelia Ahern
im März 2012

Von Cecelia Ahern liegen im Piper Verlag vor:
Alle Farben meines Lebens
Zeit deines Lebens
Ich hab dich im Gefühl
Ein Moment fürs Leben
Ich schreib dir morgen wieder
Hundert Namen
Funken in der Dunkelheit